NO

常作印 著

不做庸师

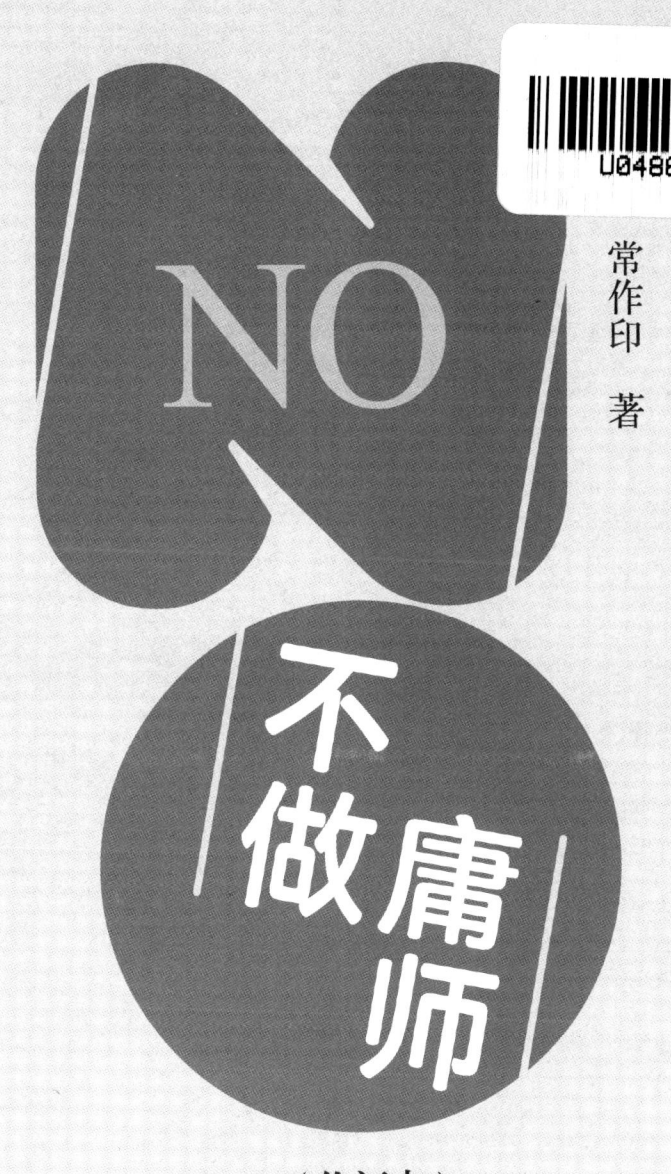

（修订本）

中原出版传媒集团
中原传媒股份公司

大象出版社
·郑州·

图书在版编目(CIP)数据

不做庸师 / 常作印著. — 修订本. — 郑州：大象出版社, 2019. 8 (2024. 2 重印)
ISBN 978-7-5711-0071-1

Ⅰ. ①不… Ⅱ. ①常… Ⅲ. ①教师-修养 Ⅳ. ①G451. 6

中国版本图书馆 CIP 数据核字(2019)第 045709 号

不做庸师（修订本）

BU ZUO YONG SHI (XIU DING BEN)

常作印　著

出 版 人	汪林中
责任编辑	梁金蓝
责任校对	牛志远
特邀设计	刘　民
美术编辑	杜晓燕

出版发行	大象出版社（郑州市郑东新区祥盛街 27 号　邮政编码 450016）
	发行科　0371-63863551　总编室　0371-65597936
网　　址	www.daxiang.cn
印　　刷	辉县市伟业印务有限公司
经　　销	各地新华书店经销
开　　本	787mm×1092mm　1/16
印　　张	13.5
字　　数	208 千字
版　　次	2019 年 8 月第 1 版　2024 年 2 月第 4 次印刷
定　　价	35.00 元

若发现印、装质量问题，影响阅读，请与承印厂联系调换。
印厂地址　辉县市北环中段
邮政编码　453600　　　　电话　0373-6217581

名家推荐语

"不做庸师"不仅仅是一个充满正能量的响亮口号，对教师来说，更是一个崭新的理念，是一个远大的目标，是一个伟大的追求；对学生而言，是一个庄重的承诺，是一个重大的责任。常作印老师二十余年潜心、精心、全心教书育人，高举"不做庸师"的大旗，让自己的灵魂散发出香味，为孩子们营造出诱人的"桃花源"，培养出一届届拥有"诗和远方"的优秀学生。《不做庸师》必会成为每一位有志于做内心丰盈的教师的良师益友。

——张万祥（著名德育特级教师）

常作印老师是我心中教师的典范：热爱工作，注重积累，坚持探索，勤于写作。他的文字有依据，有个人见识，值得教师同行一读。

——肖川（北京师范大学教授）

对一个教师来说，推动其教育事业发展的应该有两个轮子，一个叫作"情感"，一个叫作"思考"。立志"不做庸师"的常作印老师热爱教育，热爱学生，在一往情深地职业投入中体验着教育的幸福。同时，他不停地阅读，不停地实践，不停地思考，不停地写作，促使他的思想不断充实和升华。此书就是他心灵燃烧的思想结晶。

——李镇西（著名特级教师）

教育是一种柔顺的力量。常老师以阅读与思考来提升自我，以思想之光点燃日常教育生活之薪，努力过一种积极完整的教育生活，努力让自己成为美好教育的亲历者。这本书让我们看到一位孜孜以求的中学老师，如何用自己的情感、实践、思想、文字，一点点改变自己，进而又一点点照亮身边的学生。

——刘铁芳（湖南师范大学教授）

常作印老师以"生命在场"的姿态，实践与思考着教育，与他的学生一起书写着教育诗。他立足基础教育的田野，坚守教育良知和教育常识，唤醒、点化或润泽生命，努力为学生的精神发育提供有益的"精神食粮"。书中很多观点，视角独特，启人深思，催人奋进！

——张文质（著名教育学者）

常作印老师是一位有教育情怀的老师。他相信教育的力量，拒绝平庸，不浮躁，不抱怨，不跟风，不作秀，"以行进的方式活着，以思考的姿态前行"。他的文字优美、深邃、凝重，教师这个职业的使命、荣耀与信仰，你都能在这本书中找到答案。这本书让不甘平庸的教育者不再孤独，让教育激情之火在心中熊熊燃烧！

——万玮（上海平和双语学校校长）

自　序

"心中若有桃花源，何处不是水云间？"

当今有些教育，很多时候不是在为孩子营造"桃花源"，而是一次又一次地毁灭孩子心中的"桃花源"。

放眼望去，这些教育培养了多少有眼看不到风景、有耳听不到天籁的学生？

一

我们的教育，不能只有风干的知识、精确的训练、冰冷的分数，还应该有浪漫和诗意，否则我们培养的生命就不够丰盈。

润泽一下孩子干涸的青春，让孩子们的心灵飘逸一点灵性和诗情吧！

在孩子的心灵深处留下一个宽敞、透亮、高雅的精神空间吧！

若师生心中都有"桃花源"，即使"一箪食，一瓢饮，在陋巷"，也会如同身处"水云间"。

教育本质上是理想主义者的"农事"。如果没有敬畏之心、坚忍之心，就很难抵达理想的彼岸。在这信息泛滥的多元时代，教育工作者不仅需要一种坚守，还需要用常识、思考和记录，对抗断裂、遮蔽与遗忘。只有内心澄明，才能感受到教育的真谛，才能聆听花开的声音。欲让学生有根有魂，老师就必须有根有魂；欲让学生有良知，老师就必须有良知；欲让学生有担当，老师就必须有担当。

北宋大儒、著名理学家张载先生说："为天地立心，为生民立命，为往圣继绝学，为万世开太平。"高山仰止，景行行止。虽不能至，然心向往之。

作为教师，不要忘记：我们所站立的地方，就是教育的舞台。我们怎么样，学生便怎么样！我们有了光明，教室就不再黑暗！一间教室，可以仰观宇宙之大；三尺讲台，可以俯瞰桃李之盛。我们无力改变大环境，但我们可以让灵魂像先贤圣哲们那样超拔，先改变自己，继而改变自己的教室，改变自己的学生，哪怕力量很微小，但也是在改变着中国教育的现状。

二

惠特曼说：哪儿有地，哪儿有水，哪儿就长着青草。而我想说：哪儿有爱，哪儿有诗，哪儿有思想，哪儿就会有风景和春天。

生活不只是眼前的苟且，还有诗和远方。眼前只有苟且的老师，怎么可能培养出拥有"诗和远方"的学生？情绪和品位是会传染的，给孩子什么样的教育生活和人生，其实就在老师的一念之间。诗意和快乐的老师往往会传染给学生诗意和快乐，苟且和颓废的老师往往会传染给学生苟且和颓废。

漫漫人生路，容颜可以老去，但修养、品位与气质是时间永远打不败的美丽。在这个坚硬的世界里，努力修炼一颗柔软而不麻木的仁心，既与人事对接又与万物感应，既能置身其中又能超拔世外。

三

每个生命都有自己的基因密码，别人的地图里不一定有自己的路。与其在别人的辉煌里仰望，不如亲手点亮自己的心灯。

要学会走自己的路，唱自己的歌，教自己的书，思考自己的问题，写自己的文章。没有谁的成长是容易的，也没有谁能代替你上路。其实人生和教育的答案都在路上，不迈开双脚，永远不可能抵达远方。成长本身就是一种美丽的痛，害怕痛就不可能破茧成蝶。

与孩子一起把每一个日子过成诗吧！每一段时光，都是岁月的馈赠；每一个孩子，都是独特的风景。养一片春光在心里，也许你途经的每一处都会有花开。

繁华与喧嚣中，在三尺讲台放一颗流浪的心，为孩子们守一窗斜风细雨，点一阕浪漫与诗意，"让广阔的心灵和理性的力量去战胜黑暗"，让心灵散发出香味，在渐行渐远的回望里，将过往的岁月风干成文字与风景。"宠辱不惊，看庭前花开花落；去留无意，任天外云卷云舒。"我心宁静，万物宁静；我心光明，世界光明。

慢慢走，欣赏啊！

目 录

回首：以行进的方式活着 /001

  为自己擎起一盏明灯 002

  在失败中蹒跚前行 004

  与学生一起成长 007

  激情在网络中燃烧 010

  润泽每一朵生命之花 015

  创建一间有文化内涵的教室 020

  坚信每个学生都是我的助手 025

  用思想书写生命的传奇 029

  与团队共同成长 033

  享受教育，收获幸福 037

觉醒：做一个有专业尊严的教师 /041

  "要有光"：想透大问题，做好小事情 042

  专业觉醒是发展的前提 045

  让人看"专"你 048

  教育不是一件简单的事情 052

  教师的工作要有边界意识 055

  教师专业发展的主阵地是课堂 058

  有一种失败叫"瞎忙" 061

再忙也要留出思考的时间 063
我们真的没有时间发展自己吗？ 065
教师需要补点哲学 081
精彩都是逼出来的 084
阅读，就是精神远游 087
写作是一种更高级的学习 090
专业写作：教师成长的快车道 092
教育叙事不能迷失在"浪漫"的绘制中 095

突围：以思考的姿态前行 / 097

人因为思想而伟大 098
《功夫熊猫》与"因材施教" 100
从"王小丫高考数学仅得20分"说起 102
破解"模式崇拜"情结 104
关键不在"模式"而在自主 109
教育是一个国家最重要的资源 113
以精神的力量来弥补躯体的损失 116
不必"莫名惊诧"！这都不叫事儿 118

| 目 录 |

教学：坚持上不完美的课 /121

情感的温度：用真情润泽律动的生命 122

文化的宽度：引领学生徜徉在文化的牧场上 125

思想的深度：倾听生命拔节的声音 128

坚持上不完美的课 130

教学不仅需要细节，更需要战略 132

课改背景下"讲与不讲"的辩证思考 134

教师不能成为教参的"奴隶" 137

别让大脑成为教参的跑马场 139

在喧闹的教育思潮中我们需要冷静 142

别让写作游离于学生的言语生命之外 145

《从百草园到三味书屋》是"恋人絮语" 147

被误读的寿镜吾先生 149

黔之驴，何其冤哉？ 154

管理：用心灵赢得心灵 /157

不能"一切为了学生" 158

"管理"与"理管" 160

取长补短：领导就是"泥瓦匠" 163

管理的最高境界不是完美 165

教师流动宜疏不宜堵 …………………………………………… 168

没有惩戒的教育是不完整的教育 …………………………… 170

呼唤野性教育 ……………………………………………………… 173

"天堂"与"地狱" ………………………………………………… 175

用心灵赢得心灵 …………………………………………………… 177

啐啄同时 …………………………………………………………… 179

别再干让兔子去学游泳的傻事 ……………………………… 180

视野：天容海色本澄清　/183

"无穷的远方，无数的人们，都和我有关" ………………… 184

不为别人的评价而活着 ………………………………………… 186

别忘了自己是一只叫什么的鸟 ……………………………… 188

别让"经验"伤着你 ……………………………………………… 190

我们每时每刻都是幸运的 ……………………………………… 193

站起来 ……………………………………………………………… 196

做一名有思想的教师(代后记)　/198

回首：以行进的方式活着

| 不做庸师 |

为自己擎起一盏明灯

在无边的白天黑夜，
用先哲的文字喂养自己饥饿的灵魂，
用赤裸的双眼捕捉梦想的经纬。
冰封的心海下，奔涌着一江春水。
——常作印《激活的日子》

还记得1994年9月，我拿着大学的录取通知书踏上北上的列车，没有喜悦，只有沮丧和失落。虽然自己在封丘一中几年的苦读换来了一个不错的高考成绩，却因填报志愿的失误，被"贱卖"到一所师范院校。

一

当站在大学新生报到处填下"常作印"三个字时，我没想到接待我的老师竟然大呼小叫地跑到系里："第一名来报到了！"继而走出一位瘦瘦的中年男子，经介绍，知道他就是我们的系主任。

系主任紧紧地握着我的手，说："年轻人，你是我系录取的分数最高的一名学生，相信这里也能成就你的梦想！"

之后的岁月，虽然系里把我当"国宝"一样重视，让我组建社团、担任班长和系学生会干部，给我无上的荣光，但短暂的喜悦后，我感到的是一种刻骨铭心的寒门子弟的自卑。因为突然间我觉得自己的优势不仅全没了，而且在某些方面还很无知、很无能。同班的城市同学听的唱的英文摇滚歌曲我闻所未闻；他们还看索尔仁尼琴、米兰·昆德拉、茨威格等作家的作品，这些人的名字都是我所不知道的。这时的我突然发现：我是一个文化上没有长大的孩子！

虽然在高中时，我是同学中公认的比较喜欢读课外书、知识也比较渊博的人，但和城市同学相比，差距巨大，是城市和农村的教育环境差异造成了这样的结果。

二

在看清和承认自己被剥得精光、一无所有的现实之后，在无数寂寞的夜晚，我拷问自己："该以一种什么样的方式活着？"

既然已经错过了太阳，我不能再错过月亮。感谢高中时代的王俊仁老师，他在我心灵中播下的火种是那样的顽强，不断地在我人生的黑夜将激情点燃。

于是，我开始拼命学习真正有价值的东西，以一种鲸吞的方式，以一种可怕的速度进行恶补。这，大约就是寒门子弟改变命运的唯一方式。

那时的我，就像《庄子·秋水》中的河伯第一次看到了大海，或者说像一个乞丐看见了金黄的面包，我开始急切地、繁忙地有目的地阅读。那一段日子里，我常常晚上一两点钟才休息，有几次竟然看了个通宵。

虽然学校的图书馆非常简陋，但它还是为我打开了一片新的世界，让我感受到了书籍的魅力，也为我的阅读生涯奠定了良好的基础。

在短短几年时间之内，我浏览了《论语》《道德经》《全唐诗》等中国传统文化经典，也硬啃了罗素、尼采、黑格尔、康德、哈耶克等西方思想大师的著作，还发表了几篇有一定分量的论文。等到大学毕业时，我不仅在专业上取得全系第一名的好成绩，而且还获得了省级高校优秀毕业生的荣誉。

班上的老师和同学都认为我最适合搞学术研究，建议我想办法争取留校任教，但我产生了要到中学去、改变基础教育现状的强烈冲动。我为当代中国没有出现思想大师、文学大师而感到深深遗憾！我想：未来的大师应该由我培养出来。我要是能培养出像胡适、鲁迅、朱自清、陈寅恪等那样的大师，该是多么幸福呀！我为这个梦想激动万分。

于是，我走进一所城市中学的大门。

在失败中蹒跚前行

> 扬起大漠驼铃，仰天绝唱，
> 在我笔管的血流里，单薄的梦幻，
> 一直迷失着远方的苍茫。
> 向苍穹争一席擎天之志，
> 用汉语的锋刃刻下卓绝的守望。
> ——常作印《大漠胡杨》

刚参加工作时的我非常自信，自认为凭自己在师范大学几年的深造，对付几十个毛孩子是非常简单的事情。

但不久我就发现自己"很傻，很天真"，缺陷和不足很快就暴露无遗，几个回合就败下阵来。

一

一是我讲话经常会不自觉地使用方言，常常遭到学生嘲笑。还记得第一次与初一新生的见面会，正当我慷慨激昂地演讲时，一个男生突然站起来说："常老师，你能不能不讲日语！"那一刻，我才知道自己的普通话是如此的差！

二是初当班主任时就发现班级里有几个"刺头"。他们吸烟、喝酒、打架，但在我的严格要求下，他们不敢乱来，一切都还算比较太平，而且我带的班级还先后取得新生军训标兵班、广播操比赛一等奖、期中考试总分第一名的好成绩。但不久，班级里狼烟四起，任课老师告状不断，公开与我作对的学生越来越多，常常是摁下葫芦又浮起瓢，搞得我焦头烂额、手忙脚乱，班级卫生、纪律等也直线下降。

我的脾气越来越暴躁，动不动就大动肝火。那时的我，感觉班主任是如此的痛苦，丝毫没有快乐与幸福可言。

二

于是，我选择了逃离，向校长递交了"班主任辞职申请书"。校长了解了详细情况后，送给我两本书——一本是魏书生老师的《班主任工作漫谈》，一本是李镇西老师的《爱心与教育》，并对我讲："真正打败你的是你自己！工作的乐趣恰恰在于挑战！班主任不是仅靠热情和勤奋就能干好的，它还需要很高的专业技巧和专业智慧。想一想，你凭什么让学生服你？"

"凭什么让学生服你？"走出校长办公室，这句话我思索了良久。对照魏书生和李镇西老师，我发现自己的班级管理竟然是如此的简单粗暴和缺乏耐心，不出问题才怪呢。我有全面的专业知识吗？我有丰富的专业技巧吗？我有高超的专业智慧吗？我有真诚的专业爱心吗？我似乎什么都没有，学生怎么会服我呢？那一刻我突然明白：教育绝不是一件简单的浪漫的事情。

这次带班的失败经历，让我真正体会到了书本与实践、知识与能力之间的巨大距离；让我真正明白了班主任工作是一种"学术专业"，一种复杂的智慧性工作。

三

或许人生就是一场漫长的障碍赛，需要不断地跨越自己。

为了让学生"服我"，我开始练习普通话，坚持每天都听新闻联播，模仿播音员的发音；我还买来著名朗诵家的录音带，反复地听，反复地模仿练习；继而又把自己练习的声音录下来，放给家人听，让他们帮我纠错。无论走到哪里，我都随身携带一本《新华字典》，遇到拿不准的字音和声调，就随时查阅。为此，我竟然翻烂了五本字典。

渐渐地，我的普通话越来越标准，学生一致夸我上课的声音像播音员。在后来的全省普通话测试中，我顺利获得了一级乙等的好成绩。

四

记得京剧大师梅兰芳说过一句话："不看别人的戏，就演不好自己的戏。"演戏如此，当老师何尝不是这样！为了让学生"服我"，我开始认真"偷取"身边每一位优秀老师的"绝技"，虚心学习他们的长处；认真收集教育图书、报刊上的教学案例和班级管理案例，细细品味别人独具匠心的方法和智慧；到处借阅魏书生、任小艾、李镇西等全国名师和专家的报告录像，反复揣摩每一个精彩的段落；不放弃每次外出学习的机会，哪怕是自费也要亲耳聆听专家名师的讲座。

我不断地模仿名师、专家和优秀班主任的一招一式、一言一行，不断地把他们的"思想玫瑰"移植到我的试验田。渐渐地，我的教学和班级工作不但有了生气，而且有了出色的成绩。

模仿，最终是要学会自己走路，走自己的路，正如学习书法，每一个人都要经历"观帖—临帖—破帖"三个阶段。后来，我不再满足于邯郸学步，而是把别人的经验、名家的理论融化成自己的东西，开始有目的、有选择地进行专业阅读，开始以教育教学为圆心拓展自己的知识面，开始把班级中的教育教学问题作为研究对象。

与学生一起成长

徜徉于生命的芳菲处,
用深情感知一朵朵花开。
有生之年,
不求所有的日子都泛着耀眼的光,
只愿每一天都浸着诗意的暖。
——常作印《一片春心付海棠》

与学生共同成长,这应该是教师职业正确的价值取向,但对于大多数教师而言,他们却在培养学生成长的同时忽视了自己的品德修养。

一

不做庸师,首先是发展自己。学生超越教师,是教育的幸事;然而如果教师太容易被超越,我看则是教育的悲哀。我们很平凡,但是我们的学生需要优秀的老师。学生可以原谅老师的严厉、刻板,但是不能原谅老师的不学无术、不思进取。

我们无力改变教育体制,却能与孩子一起创造奇迹。我们可以改变自己,改变自己的教室,改变自己的学生,哪怕力量很微小,但也是在改变着中国教育的现状。

生活没有彩排,每一天都是现场直播。不学习是等死,照抄是找死,只有经验而没有思想只能安乐死。教师只有好好学习，学生才能天天向上。

为了提高自己的文化底蕴，不误人子弟，我每天坚持"六一工程"，即每天至少读书一小时，每天至少背诵一段经典，每天至少找一名学生谈心，每天至少上好一节语文课，每天至少写一篇教育反思，每天至少进行一次体育锻炼。

二

生命中最值得投资的是自己，给自己最佳的投资是学习。

名师首先是读出来的！朱永新老师说："缔造完美教室，创造生命传奇，离不开教师的深厚学养。"有这样一个顺口溜："一日不读书，无人看得出；一周不读书，开始会爆粗；一月不读书，智商输给猪。"虽然说得夸张了点，但还是十分有道理的。

"平时注入一滴水，难时拥有太平洋。"十几年来，我几乎每周都要去书店逛一逛，几乎每年的报刊订阅费都在800元以上。网购流行后，常常一买就是几百元的图书，有一次甚至一次性买了3000多元的图书。这些年来，每当朋友走进我的家门，总是惊呼我的藏书之多。

没有整块的时间用于读书，就利用那些细碎的时间。无论走到哪里，我都随身携带几本书，随时翻阅和记录。很多时候，我会像别人读武侠、言情小说那样，津津有味地啃着一本本教育理论书，常常会像哥伦布发现新大陆一样，发现自己未知的领域。一些教育专业经典书籍被我批注了密密麻麻的文字，甚至有不少的地方已经被我画得面目全非。

望着书架上一排排的读书笔记，真的像一排排的精神士兵。可以这样说，正是咀嚼了这些教育经典，我才坐上了提升自己的"直升机"，摆脱了那种在黑暗中摸索的状态。

三

我个人认为：喊破嗓子不如做出样子，身先士卒是最有效的命令，以身作则是最严格的规章。

工作初期，为了进一步提高自己的文化底蕴，我几乎每天早晨都与学生一起背书。我认为，优秀的老师不仅要备课，还要"背课"。短短的几年里，我不但与学生一起背诵了几千首唐诗宋词，也硬背了《论语》《老子》《庄子》等古籍，还背诵了泰戈尔、普希金、莎士比亚等国外大师的许多经典片段。

为了引导学生爱上写作和思想交流，我充分发挥教师的示范引领作用，坚持写教育日记，有时还把它放在班里，让学生监督，供学生浏览。另外，我对学生随笔的批改，也是一道独特的风景。翻阅学生的随笔，你会发现，我的不少批语常常比学生的随笔还要长。在我的努力下，几乎每一届学生都成为写作爱好者。其中有一届学生毕业时，竟然有三分之二的学生在报刊上发表过作品。

四

曾子言"吾日三省吾身"，我自己也有"每日三问"，即一问："今天我的课学生喜欢吗？"二问："今天我找学生谈心了吗？"三问："今天我读书、反思和写作了吗？"

著名京剧表演艺术家盖叫天说："科班的孩子练完功了，老师常叫他们坐下来，静一静，默一默。"什么叫默？默就是用脑筋去思索、揣摩。

我个人认为，教师的工作重在反思，要学会静下心来不断叩问自己内心深处。书本上的知识只有在善思者的头脑中才能活化为智慧。只有将粗糙的、混杂的、表面的、肤浅的、零碎的教育大杂烩，经过反思的发酵、过滤、提炼、蒸发，最终才能煮成一道道精美喷香的教育美餐！

为此，我常常一动不动地"默"到半夜，寻找问题的解决办法，结果常常发现别人没有发现的东西，想出别人没有想出的主意。因为设计独具匠心，我曾连续三次荣获河南省中学语文优质课教学设计大赛一等奖；2004年10月，我代表学校参加安阳市中学语文优质课复赛，夺得第一名！结束时全场听课的教师起立为我鼓掌，其中一位老教师更是激动地上前握着我的手说："常老师，这是几年来我听过的最好的一节语文课！"

一次次的反思，一次次的实践，一次次的更新，一次次的收获……虽然它让我经历了蝉蜕蝶化前的焦灼痛楚，但却让我听到我与学生生命拔节的声响。

孩子们成长着，我也成长着。在成就孩子的同时，我也成就了自己。

激情在网络中燃烧

> 黑夜包住最后一丝光明,
> 让眼睛在网络的大海中冲浪。
> 以千年的婉约与豪放,
> 从一个游子生命长途的零公里处,
> 激情飞扬地出发。
> ——常作印《子夜灯下》

刚开始工作时,我是计算机殿堂大门口的观望者。

一

2003年5月,抱着扫除自己"机盲"的心态,怀着新鲜与好奇,我报名参加了河南省中小学教师信息技术培训并顺利通过考试。后来,学校建立了教师电子备课室,并装上了宽带。当我第一次在学校的电子备课室里搜索我需要的教学资料时,我才明白网络是一个美丽的世界。

初来乍到的我,一下子就被深深地吸引了,就好像一条搁浅的鱼儿找到了浩瀚自由的海洋。我贪婪地阅读和下载着自己喜欢的内容,开始为他人的教学设计而叫好,为他人的教学思想而折服,也为自己与网络结识太晚而深深地懊悔。

从那时起,我每天都会像农夫一样走进网络的田野里溜达溜达。

二

渐渐地，我不满足一直在网络外看风景，一种要倾诉、要交流、想成为风景中的一部分的渴望强烈地撞击着我的心扉。

在审视了自己一番后，我决定融入这个七彩的世界，进行我的教育激情之旅。我用打字笨拙的手，以"阿常"为网名郑重地注册为K12会员并申请了个人专辑，这一天是2003年11月6日！

经过三天的写作、修改、润色，我的《教育学，你为什么不改革》一文终于诞生了。3000多字的文章搬到电脑上，足足花了我一天的时间。把它首发在K12教育教学论坛后，我怀着忐忑不安的心情，等待网友的回帖。

没想到，我投石问路的帖子得到了网友们的热情回应，和风版主第一个回复并将其加入精华帖，回复的内容我至今还记得清清楚楚："当研究教育的人都丧失了更新能力，守旧便成为一种资历！"继而端木守拙、山野村姑、九歌、点睛、野枫等网友也相继跟帖，表示赞同和支持。

后来这篇文章被K12网更名为《炮轰教育学》，作为新闻专稿在2003年12月23日于首页发表。这是我第一次在网站发表文章，兴奋的我迫不及待地告诉办公室的同事和家人。不久，我收到网站寄来的115元的稿费。

更出乎我预料的是，这篇文章在K12网首页发表后，犹如石头掷入平静的湖面，竟然掀起不小的波澜。短短几天内，K12网上参与讨论的竟有上千人；30多家网站进行了转载；2004年1月1日的《中国教育报》也引用了其中的几段文字并进行了评论；短时间内，先后有6家报刊社的编辑与我联系，表示想刊发这篇文章。

特别是北京一家较有影响的教育报社专门打来电话，表示关于中国教育学问题将派记者对我进行专访。虽然后来由于某些原因，专访未能成行，但这篇文章的幸运发表的确又一次唤起我写作的激情，坚定了我进一步走进网络、加强教育研究的信心。

更让我感动的是，一位远在荷兰的朋友在欧洲华人网看到转载的此文后，发来了近两千字的电子邮件，表示赞同和支持，并给予热情洋溢的鼓励。

自己压根也没想到会因一篇文章而在网上"走红"。

三

随后的日子，我的热情空前高涨，一发不可收拾，我开始涉猎别的网站。

当我第一次走进"教育在线"时，李镇西总版主那不穿衣服不停扭动屁股的幼儿形象让我喜欢上了这里，全新的感觉让我决定在这里安营扎寨，于是，我在"教师随笔"专栏建立了自己的阵地。从此，无论工作有多忙，一旦有属于自己的时间，都坚持上网耕耘自己的精神家园。

当时步入而立之年的我，突然感到青春的热血正在冲破堤防，沉积已久的压抑正如火山般爆发。我仿佛看到，自己心中的那只雄狮已经挣脱了猎人的围堵，昂着头，迈着矫健的步子，眼睛露出凌厉的光芒，要在山之巅峰上幸福地啸嚎。

可是不久，一件烦心的事让我领略了网络的另一面。一次，我发了一篇关于创新教育的文章，一位网友指责说："说得不客气一些，写的都是废话。"这是我第一次在网络公众场合遭受批评，对于赞扬声听得较多的我来说，的确是一个打击。那几日，虎虎生风的初生牛犊突然变成了一朵蒙辱含羞的带雨梨花。有网友问：为何不与他"激战"？

我说，我不愿把时间浪费在这些无聊的事情上。春风大雅能容物，秋水文章不染尘！我想："知我者，谓我心忧；不知我者，谓我何求。"

四

很快，单位电脑室的定时开放已经不能满足我的需要。2004年1月，我借钱买了一台电脑并装上了宽带，开始加速我的网络激情之旅。我的一篇篇文章成为许多网友讨论的热点，几乎每一篇文章贴出不久就被报刊社采用，个人也成为许多人关注的对象。

四川省德阳市人大代表陈世文先生在"凯迪网络"看到我的一系列文章后，激动地给我写了一封言辞恳切的长信，鼓励我坚持独立思考和创新写作。

"教育在线"的总版主、全国名师、教育专家李镇西老师看了我的文章后写道："一位教育思想者心灵的燃烧！向阿常致敬！"李老师"虚高的评价"让我受宠若惊，我一直把此评价作为前进的动力！

许多网站的站长也曾多次邀请我担任他们论坛的版主，由于精力有限，我都婉言谢绝了。但是后来我还是接受了一个网站的邀请，它就是"愚公教育沙龙"。站长愚公多次邀请，想想刘备之于孔明也只有三顾茅庐之邀，我何德何能怎能承受如此知遇之大礼？

还记得2004年6月的一天，我写了一篇痛批中国职称评审体制的文章。此文犹如银瓶乍破，引起网友激烈的讨论。6月23日，一个名叫"方老师2004"网友的跟帖吸引了我的目光。他写道："看了您的大作，真的大开眼界。尤其是中国的职称竟然跟工资、福利、分房子挂钩，令人费解！……"然后是洋洋洒洒一千多字关于美国教师"职称"的介绍，让我眼界大开。这些是我从来没有看过甚至连听说也没有听说过的东西。我十分纳闷他对美国"职称"怎么如此了解？带着疑问，我便给他发了悄悄话。不久他就热情回复，结果让我大吃一惊，原来他是大洋彼岸美国的博士、教授、汉学专家！这时我才真正体会到什么是"地球村"。

五

千淘万漉虽辛苦，吹尽狂沙始到金。在基础教育这座直入云霄的大山上攀登时，是坚韧和毅力不断把我送到新的高度，使我采摘了一些香美的鲜花，收获了一路令我数次热泪盈眶的故事。不到半年的时间，网络这个神奇的世界也给了我丰厚的回报，一家家报刊向我伸来了橄榄枝，约稿信也越来越多，《中国教师报》《教育时报》《师道》《成长》等十几种报刊先后发表我的作品五十多篇。2004年4月15日，《南方周末》的"视点"栏目还对我的文章进行了摘要和评点。在我的影响下，我的学生也不断在报刊上发表文章。更让我原来想都不敢想的是，我一个普通的教师，后来竟然会成为一家教育报刊的专栏作者！

一天，爱人试着用百度搜索我的名字"常作印"，相关信息一下子跳出十几万条。她大致浏览后发现，几乎全是关于我的内容！爱人开玩笑说："看！你也是网上名人啊!"

渐渐地,上网不仅成为我成长的动力,更成了我感悟教育的行动。在网上,与专家名师的文字对话,也逐渐打开了我认识教育的"天眼",继而写的一些教育文章也显得有了一定的深度,受到一些网友的"热烈追捧"。

六

与网友的交流让我的教育教学思路大开,我在改造课堂中不断追寻和实现自我超越,大胆创新诗意的教育。我小心翼翼地用智慧和爱心给教育的每一个细节都涂上了快乐的底色,让学生在自由、民主、幸福中领略别样的课堂风景。一棵树摇动另一棵树,一朵云推动另一朵云,一个灵魂唤醒另一个灵魂。交流情感,分享智慧,敞亮人生,我欣喜地觉察到自己在探索的路上似乎已经触摸到了诗意教育的境界。

许多时候,我常常感觉自己是在用网络编织着梦中的千纸鹤,在这里肆意张扬、自由自在地飘荡。我不知道自己会不会迷失于网络和都市的喧嚣之中,不知道自己会不会成为那条因激情而上岸的鱼儿,在干涸中一寸寸地消耗生命与梦想,只留下风化的身影。虽然诗人海子曾说过"远方除了遥远一无所有",但我知道,远方除了遥远还有我的梦想和追求。我分明看到了一直在前方召唤着我的极峰佳境和可以自由翱翔的天空。无论多么疲惫,我也要前行!前行!再前行!

润泽每一朵生命之花

> 用超然物外的心境,
> 将平淡如水的岁月定格,
> 在灵魂的巢里贮满幸福。
> 用跋涉的身影证明,
> 生命的逆光也蓬勃。
> ——常作印《在灵魂的巢里贮满幸福》

了解每一种花的花期并按照生命生长的规律去培养,让每一朵花都自然绽放,这是每一个花匠的责任和义务。

一

其实每个孩子都是一颗种子,只不过每个人的花期不同。有的花,一开始就会很灿烂地绽放;有的花,需要漫长的等待。不要看着别人怒放了,自己的那朵花还没动静就着急。相信只要是花,都有自己的花期。如果你天天浇水、施肥,却看不见幼苗长出来,先不要怨天尤人,停下来想一想,你是不是水浇多了,肥施多了,或者根本就忘记了将种子埋进泥土里。

教育需要有思想的技术,也需要有技术的思想。学会用有思想的技术培育种子,学会用技术的思想呵护成长,润泽每一个生命,慢慢地静待他们灿烂花开,这何尝不是一种幸福!

不做庸师

二

芳芳（化名），一个非常乖巧的"灰姑娘"，从不给老师添乱，平时不言不语，几乎不与人交流。她没有朋友，也不与同学玩耍，总是一个人静静地坐在座位上发呆；上课时从不举手，更不要说提出问题了。班里同学反映，她曾多次在大家面前说"活着没意思"，这让我胆战心惊。我怕她一时想不开干出傻事，于是多次找她交流。但每次都是我说得口干舌燥，她一个字都不回应，只是静静地看着我。我又先后尝试了多种方法，都以失败告终。我无法打开她那自闭的心灵。

这个长得白白净净的可爱的小姑娘为什么会变成这个样子？

对于这样的孩子，用常规的教育方法显然不太可能奏效。心理问题还需要"用心"来解，但我大脑里储备的心理学知识是如此的苍白。于是，为了"拯救"芳芳，我购买查阅了大量的现代心理诊疗著作，如饥似渴地学习，了解了支持性心理治疗、认知行为治疗、人际治疗、家庭治疗、精神动力学治疗等方法和技巧。

经过思虑后，我想，能不能先尝试从她的成长史中寻找一点"解题"的蛛丝马迹？于是，我拜访了她小学的班主任了解她以前的表现，又到她家里实地走访，与她身边的亲人交流……原来她孤僻、自卑的主要原因是父母的离异，她极力想回避这个事实而又无法摆脱，加上长期缺少关爱使她变得胆小、内向，缺乏自信，不愿与人交往。

一次偶然的机会，我发现她喜欢写日记，于是我就想能否利用这一契机，运用精神动力学尝试日记对话诊疗。根据精神动力学的观点，行为是由强大的内部力量驱使或激发的，就像煤给蒸汽机车提供燃料一样。

征得她的同意后，我们利用日记这个载体开始了心理对话的"长征"。

一天，她在写给我的日记中倾诉了内心的苦闷与彷徨。经过深入思考后，我回复道："漆黑的夜里，我们都以为成功的路很漫长。然而黎明到来的时候，我们还是碰触到成功的大门。回望起点，与成功相距不过百米。成功并不是你想象的那么难。勇敢地向前飞吧！上苍让我们经历一些风雨，也许是为了让我们欣赏美丽的彩虹！"

芳芳流着泪告诉家人和同学："从来没有老师写给我这么好的评语……"

与芳芳的日记对话每天就这样悄无声息地进行着，我尽可能减轻她过重的心理负担和压力，帮助她解决生活和学习中的实际困难及问题，激发她的精神动力，提高她应对现实和问题的能力，并积极为她创造良好的环境。为了更好地帮助她，我还特意挑了两个活泼开朗的孩子做她的同桌。

精诚所至，金石为开。渐渐地，她变得爱说爱笑了，课堂上能看到她举起的手了，班级活动中也能看到她的身影了……期末考试时，她的各科成绩均有所提高。

与芳芳的日记对话坚持了三年，我不断给她精神动力，点燃她的生命热情，这个女孩子也渐渐地走出了心理的阴影。毕业时，她不但发表了20多篇文章，还以优异的成绩考入省示范高中。高中毕业，她又顺利考入全国重点大学。

看来，生命中的挫折没有成为她前行的绊脚石。而我也围绕这个孩子记录下了100多万字的心理诊疗教育笔记，这是一笔多么难得的精神财富啊！这也许印证了一句话，那就是"工作中遇到的问题，也许就是最好的研究课题"。

三

小宇（化名），一个任性、经常欺骗同学和老师的男孩，说起谎来"脸不红，心不跳"。课上经常破坏纪律，扰乱他人学习；课下经常"胡作非为"，欺负本班女生或低年级的同学，是学校有名的"捣蛋鬼"。他的问题层出不穷，可谓"大错三六九，小错天天有"。一些老师认为小宇就是那根"不可雕的朽木"，建议我不用管他。但我认为，班主任的价值恰恰体现在"问题生"的转化工作上，我坚信：即使一块冰冷的石头，焐上三年也会变暖。对于小宇，我早已做好打"持久战"的思想准备。

通过多次家访，我了解到是家长的过度溺爱使这个孩子常以自我为中心，从不理会他人的感受。于是，经过多次交流，我得到孩子父母的积极配合。

经过观察，我发现他喜欢打乒乓球。于是，我约他一起打乒乓球，设法接近他，与他聊乒乓球明星。经过一段时间的努力，取得他的信任后，我便加强"攻势"：一边与他打球一边与他交流，讨论学习，探讨如何与人交往相处……只要他有点滴的进步，我都及时地给予肯定或表扬。

慢慢地，我发现这小子特爱听故事，于是决定尝试一下心理学上"故事疗法"。我每周都抽空与他聊几个经过选择的小故事，在他的心灵深处悄无声息地播撒真善美的种子，使他感受到这个世界的美好，以及老师的关心、信赖和帮助。

只用一种方法想解决"问题生"的"问题"是不现实的。一个优秀的老师能用一百种方法教育同一个学生，一个不合格的老师只会用一种方法来教育一百个学生。

我面对小宇出现的新问题，及时调整"治疗"方案，多管齐下，"中西医"结合，不断给他战胜自己的勇气和力量。

虽然每一步转化都很艰难，中间又反复了多次，但整体而言，他上进心增强了，上课开始认真听讲了，作业也能按时完成了，与同学、老师的关系也融洽了，整个人的精神面貌有了很大的改观。而我也在这期间积累了"故事疗法"的大量素材，还收获了不少经验和智慧。

毕业典礼上，从我手中接过毕业证书的那一刻，小宇泪流满面。他紧紧地与我拥抱，继而向我鞠躬。我知道那一刻他真的长大了！

四

教育"问题生"，需要的是耐心、智慧和宽容，就像牵着一只蜗牛在散步，急不得。你催他，唬他，责备他，拉他，扯他，甚至踢他，都没有用。不妨放慢脚步，把自己主观的想法放在一边，陪着孩子静静体味成长的滋味……也许我们的努力在当下看不到成果，但我坚信一定会在未来的岁月中产生回响！

这些年来，我越来越觉得：教育是心灵的艺术，它需要技术，也需要思想。如果我们承认教育的对象是活生生的人，那么教育的过程便不仅仅是一种技术，还应该是充满思想和人情味的心灵交融。

面对那些"别具特点、与众不同"的"花朵"，我们必须正确认识他们，研究他们，理解他们，用我们有思想的技术和有技术的思想，去润泽每一朵生命之花。这应该是我们教育工作者长期探索和研究的重要课题。

创建一间有文化内涵的教室

> 跟随勇敢的心,
> 让破壳的灵魂怒放。
> 燃尽所有的寒冷,如雪地的红梅,
> 晨曦里,在心中树起一座纪念碑。
> 一束光簇拥另一束光,
> 让自己的每一寸肌肤都散发着光辉,
> 明亮而纯粹。
> ——常作印《一束光簇拥另一束光》

日本教育家佐藤学认为,学校改革的中心在于课堂,真正意义上的教育革命是从一间间教室里萌生出来的。没有哪间教室与其他教室里飘逸着完全相同的气息,或有着完全相同的问题。只有从教室开始,从课堂教学层面的改革开始,才可能有新的课程创造、新的"学习共同体"创造。

一

我认为,一间有文化内涵的教室,一定是"前有思想的召唤牵引,后有制度的底线守卫,中有爱心的温暖传递"的教室。

从教20多年来,我坚定而自信地站立在讲台上,坚持把思考的权利还给学生。因为思想不仅是人的权利,而且是人的本质。没有思考的生活是动物式的生存，不会思考的人则会丧失独立人格和自主意识，从而沦为感性和知性的奴隶。只有让学生思考得更加深入，孩子的精神之树才会常青！

为此，我经常让学生针对社会现象和历史事件等，用自己的大脑进行独立思考和评论交流。在一次次的活动中，我用温暖的眼神关注每一颗敏感的心灵，我用真诚的心灵聆听每一朵花开的声音，我用民主的思想让每一个学生表达言说，我用自由平等的对话让学生理解权利和责任……渐渐地，学生的自主意识、集体意识、民主意识、合作意识、公民意识、法制意识、生命意识等一一被唤醒。我认为，做学生思想的点灯人，是一名教师力所能及的工作中最有价值的事情。

二

从社会学角度看，每一间教室都是一个小社会。有关一个社会的一切：道德规范、行为规则、规章制度、榜样底线……全都要同步建构而成。而它们的建立，其实也就意味着一个小社会的形成。

无规矩不成方圆。没有制度保障的班级，要么成为"专制和集权"的温床，要么成为"温柔的乱班"。所以，每接手一个新班，我都带领学生一起制定"班规班法"，从进校、上课、作业、集会、就餐、出操、课间、考试、交往、值日、礼仪、纪律等12个方面做出规范。每一条制度都坚持在公开、公平、公正的阳光下运行。

我认为，仪表反映着一个人的精神面貌，因而我要求学生必须面净发理、衣整履洁。对仪表的严格要求看似生活小事，其实是一件关乎社会文明的大事。每接手一个新班，我都要与学生深入讨论和交流仪容仪表问题，带过的好几届班级都把张伯苓的《镜箴》作为我们《班级公约》的第一条："面必净，发必理，衣必整，纽必结。头容正，肩容平，胸容宽，背容直。"很多人夸我们班的学生精、气、神俱佳，不少学生身上透露着儒雅的气息，其实这与我们班的严格要求是分不开的。

三

为了让教室这个生命"场"里的每一个生命更精彩,我还特别注重班级品牌文化建设。一个优秀的品牌班级,应该拥有自己的独特命名、象征标志,或者说有一套属于自己的形象符号系统。这一套形象符号系统的产生,应该作为班级的特别重大的事件来对待。因为它是团队精神的具体承载与体现,是班级成员的自我镜像。所以,每接手一个新班,我就郑重其事地与学生一起拟班名,设计班徽、班旗、班印,创作班歌、班诗,约定班级的使命、愿景、价值观等。

在班级文化的塑造中,我非常强调"以文养心,以文育人,以文化人"。我认为,最好的班级文化应该是:植根于内心的修养,无须提醒的自觉,以约束为前提的自由,为别人着想的善良。

为了提升学生的道德文化认识,我们班每周都要召开几次"微班会"。我经常选取一些鲜活的"道德两难"案例让孩子讨论,而绝不是给学生一个纯粹外在的客观规律甚至是真理。通过创设情境,激发认知冲突,对话两难问题,让学生看到这个世界的复杂性。

比如海因茨偷药案例:一个名叫海因茨的美国人,需要一种昂贵的特效药来挽救生命垂危的妻子。海因茨为挽救妻子,向发明并控制这种药的药剂师先付一半的钱,以后再付另一半钱,却遭到药剂师的拒绝。若偷取药品就违背了社会"不许偷盗"的规则;若遵守社会规则,就只能让妻子等死。假如你是海因茨,你会怎么选择?假如海因茨选择了偷药,作为法官,你会怎么判决?

对于这个案例,学生争得面红耳赤。通过引导和点拨,我不断把学生的思考引向深入。通过多元深度对话,形成共识,提高了学生的道德文化认识和道德辨析能力。

四

为了学生的健康成长,我一直主张摒弃庸俗的成功学,培养会输的学生。只学习如何成功的学生,不可能成为卓越者。我们不仅要教会学生怎样赢,更要教会学生如何面对失败以及失败后振作起来的方法和智慧。

有一次，我校举行男子篮球赛，我班奋力杀进决赛，却与冠军失之交臂。几个男生哭得很伤心，球场下还与对手发生了不愉快。当时，我并没有批评他们。第二天等学生的情绪稍微缓解，我为他们开了一节微班会"输了之后该怎么办"。我放了一段视频，内容是2014年巴西世界杯一支球队输掉比赛后，队员没有立即离场，而是向球迷鞠躬道歉。

我告诉学生："赢要赢得体面，输要输得有尊严。文明体现在时时处处。输了之后该怎么办？是抱怨天气，抱怨裁判，抱怨对手，还是认真反思自己的问题？这都取决于自己。孩子们，我们该怎么办？"

经过讨论，同学们很快就认识到自己"皮袍"下面的"小"来，当即决定向对手道歉。

五

真教育应该是心心相印的活动，唯有从心里发出来，才能抵达心灵的深处。

为了增强班级凝聚力，培养学生的高雅品位，我立足学生，立足班级，开展了丰富多彩的活动，并且努力让每一个活动的背后都有文化的内涵和教育的意义。

每一个学生和老师过生日时，我们都要举行朴素而隆重的生日庆典，为每一个生命祝福。大家一起为过生日的人齐诵生日诗，齐唱《祝你生日快乐》歌，然后送上老师的寄语、家长的祝愿、同学的祝福……浓浓的友情、亲情、师生情，像潮水一样幸福地包围着过生日的学生和全班师生。

每一学期的期末颁奖典礼，我都邀请家长和全体师生参加。我们设置了多种奖项，不但有综合奖、学科奖、生命奖，还有"十大风云人物""十大感动人物""对自己最严格的人""最能吃苦的人""最值得信任的人""最善于利用时间的人"等，可谓"星"光灿烂。每个学生至少能获得一个奖项，上不封顶。作为班主任，我为每个学生寻找一个契合他生命特质的意象，为他们每人写一段颁奖辞、送一首小诗……目的是让每一个学生在班级里都有地位和尊严。

不做庸师

19世纪德国的哲学诗人荷尔德林面对人生和人类的种种苦难,曾写下这样的诗句:"人充满劳绩,但还诗意地栖居于大地上。"我有一个天真的梦想,那就是:让我的班级成为点化和润泽生命的诗意栖居之地,让学生在健康幸福中自由地呼吸!

坚信每个学生都是我的助手

> 朵朵迎春的小花，
> 似满天闪烁的星星。
> 以抒情的姿势，
> 绽放成预言家的笑容。
> 定格成绝版的风景，
> 迎着料峭的风。
> ——常作印《迎春花开》

一位著名的教育专家说，"名师"应该具备以下三个条件：会偷懒，会装傻，会踢球。

初看这见解，我有些疑惑，但细细一想，这种说法又不无道理。"会偷懒"，的确是教师应该学会的一门艺术。其实，"懒"从某种角度来说，是一种创造力，是提高工作效率的内在动力。

一

有一句俗语叫"懒娘巧闺女"，意思是因为娘很懒，就让闺女自己多动手做事，闺女的双手就变得非常灵巧。从这个意义上讲，许多班主任所谓的"勤"，实际上是剥夺了学生思维、尝试、体验的权利，这并不一定是件好事。

不做庸师

2002年以前，我做班主任，勤奋敬业，事必躬亲，虽然也取得了一些优异成绩，但身累、心累、脑累。我总感觉自己的付出和回报不成比例，班主任难道就不能过幸福的教育生活吗？我不断审视自己的工作，却找不到答案。

后来，在阅读魏书生老师的《班主任工作漫谈》一书时，我茅塞顿开。魏老师与大多数班主任一样面临着应试教育所带来的压力，他没有让自己生活在真空状态中，常常外出讲学，一出差就是一二十天，可魏老师班里的工作从来都是有条不紊地进行着。我们的差距咋就这么大呢？经过仔细分析，我发现魏老师很善于让学生学会自我管理，自我约束。看来，我们感觉累，一定是我们做错了什么。

魏老师的班级管理理念一下子打开了我的工作思路。从那时起，我开始走上探索班级自主化管理模式的道路。

二

教育家苏霍姆林斯基说过："真正的教育是自我教育。"这句话阐明了教育的真谛：教是为了不教，管是为了不管。通过阅读管理学著作，我明白了管理的两个法宝：分工和授权。班主任要分清哪些工作是可以分工和授权的，该减则减，该丢则丢。孤军奋战的苦与累，想必每一位班主任都体会过，但未必每一位班主任都能及时醒悟。其实，班主任的许多工作完全可以让班里的几十个学生分担。有人管卫生，有人管纪律，有人管做操……有多少事情就有多少学生来管，工作分配"到户"，人人参与管理，同时人人接受管理。管理因时而动，权利彼此制约。

每学期伊始，我都要与学生一起梳理本学期的工作安排，继而对工作的性质、范围、目标等进行明确划分与说明，并张榜公布，要求学生了解工作安排后及时向我反馈，以确认他们已知晓此事。然后，在班里隆重举行"班级事务拍卖会"，要求人人以主人的姿态参与竞拍。在竞拍时，专门设立评判团，目的是尽可能多地给每一个孩子提供锻炼和展示自己的机会，使人人都感受到自己在班级中的价值，体会到班集体的温暖。每一次举行"班级事务拍卖会"，班里都像过节一样热闹。

每接手一个新班，我都会对学生说："在座的每一位同学都是我的得力助手，都是我的副班主任。"我请学生为班级的发展出谋划策，继而与学生一起制定《班规班法》。同样是一条规矩，由老师说出来就成了命令，学生就会心存抵触。老师费尽心机想出细则，却会让一些学生给自己冠上"独裁"之名。可《班规班法》要是由学生自己讨论得出，学生就觉得非照章办事不可，谁违反了纪律，按制度处理就行了。

看到班级里"事事有人做，人人有事做"的大好局面，我的心里乐开了花。于是，我的工作不再是疲于应付，我开始把更多的时间用来读书、思考和写作。也就是从那时起，我的文章经常刊登在教育报刊上，继而，一本又一本专著也顺利出版。渐渐地，许多读者记住了我的名字。其实我心里清楚，我并不比千千万万的普通老师高明多少，只是用智慧让自己"懒"了一下而已。

三

让学生学会自主管理，使每个学生成为班集体的主人，是给我们班主任减负的好方法之一，也是培养人才的途径之一。开展好班级自主管理，不仅真正锻炼了学生的能力，班主任也感受到教育的轻松、快乐。

在尝到了"懒"的甜头后，我大胆放权，不放过任何机会给学生搭建展示自己的平台。

那是2006年的寒假前夕，本着"用教材教而不是教教材，用教材学而不是学教材"的原则，我引领学生当一回真正的"上帝"，给学生布置了一项大胆的假期作业——自由评说下学期语文新教材。

在开学的第一天，我就围绕着假期作业"评说新教材"，开始了新学期的第一课。

首先，我向全体学生发出了新学期的美好祝福，继而让小组之间相互检查假期作业的完成情况。

其次，小组内围绕以下的内容讨论交流：

1.你认为本册教材编得如何（好、较好、一般、差、非常差……）？试做一评价并说出自己的理由。

2.你认为本册教材哪些方面或哪些地方编得较好？哪些地方编得较差？为什么？

3.你最喜欢本册教材的哪个单元？你最不喜欢哪个单元？为什么？

4.你比较喜欢本册教材中的哪些课文？你不喜欢本册教材中的哪些课文？为什么？

5.本册教材中有错误之处或值得商榷的地方吗？若有，请列举。

6.如果让你牵头来编本册教材，你打算怎么做？比如：你准备增加哪些内容？删减哪些内容？为什么？

与此同时，我还提醒学生注意互相借鉴智慧，继而推荐成员和自荐谈自己的"研究成果"。

再次，针对各组提交的"研究成果"展开全班大讨论。

最后，布置作业（任选一题）：

1.以本册语文教材为例，写一篇如何编好教材的小论文。

2.致语文教材编者的一封信。

整节课气氛热烈，学生积极性高涨，而我也乐在其中。

课后，我把学生提交的"成果"认真整理了一下，挑选出20份"教材编写意见书"，附上我的推荐信，给出版社寄去了。

后来，我们班还收到了出版社热情洋溢的回信，出版社编辑大加赞赏孩子们的"研究成果"，极力推崇我们班评说教材的做法，诚恳地接受了孩子们的一部分建议，并表示将对教材部分内容适当地进行修订调整。

这封回信，我在班内隆重宣读。我就是想通过此举告诉孩子们：他们也能影响教材编写。在我读信停顿的间隙，抬头看了看孩子们，我发现他们每个人脸上都洋溢着自豪的微笑。而我，也陶醉在孩子们的自豪中……

有位教育家曾说："什么样的教师在21世纪面临下岗？如果教师在课堂上找不到下岗的感觉，自我表现欲望太强，这样的教师就该下岗了；如果课堂上学生全动起来，教师似乎没事干，这样的教师就不会下岗。"对照教育家的话，看来，我目前应该不会下岗了。

用思想书写生命的传奇

> 即使今天苍老,
> 也要黄酒饮尽。
> 卷一纸疾风骤雨,
> 用思想在最真实的纸面,
> 激起一江豪情。
>
> ——常作印《书生》

我个人认为:从专业化的角度讲,新时代的教师应该在"平凡、平静、平常"的工作中,练就"四能""三立"能力。"四能"即"坐下来能写,站起来能讲,走出去能干,静下来能思","三立"即"立德、立功、立言"。

一

我思故我在,我写故我在。

我国古代就素有"三耕"之说——"目耕"(读书)、"舌耕"(教书)、"笔耕"(写作)。加拿大学者马克斯·范梅南在其《生活体验研究》一书中也有非常精辟的论述:"写作是某种自我制造或自我塑造。写作是为了检验事物的深度,也是为了了解自身的深度。"

一名教师,除教书、读书之外,专业写作更应是一种常态,因为写作不仅是一种行为,更是一种精神上的积极态势。我们收获的不仅仅是文字,更多的是专业发展、教育智慧和教育幸福。

教师要想提升生命的价值，就不能轻视写作。要写得精彩，就要活得精彩，做得精彩。写作是人生从此岸向彼岸的泅渡，写作是生活晶体的析出。

如果说"学而不思则罔"，那么"思而不写则庸"。一个人的智慧水平是靠外显的文字水平来评估的，人的外显文字数量一般都与人的智慧水平成正比。

二

许多大教育家之所以成就卓著，他们除了有丰富的实践、大量的阅读、深入的思考，更重要的是经年累月地笔耕不辍。可以这样说，他们也正是经常处于一种不间断的写作状态和写作行为之中，教育实践才转化为教育思想，吸纳的教育智能才转化为教育艺术，个人的教育特色才转化为教育风格。

全国著名特级教师李镇西老师曾这样写道：

> 20多年的教育成长经历告诉我，教师的写作，对于教师成长实在是有着十分重要的作用。比如，也许许多老师是因为《爱心与教育》而记住了我的名字，我也因这本书而赢得了许多读者的尊敬，并渐渐被人称作"教育专家"。但其实只有我自己知道，我并不比千千万万的一些普通老师高明多少。常常在外面向同行们作汇报时，我总是说："其实，我和大家是一样的——对学生的爱是一样，对教育的执着是一样，所遇到的困惑是一样，所感受到的幸福也是一样，甚至包括许多教育教学方法或者说技巧都是一样的！如果硬要说我和大家有什么不一样的话，那就是我对体现教育的爱、执着、困惑、幸福、方法、技巧的故事进行了些思考，并把它们一点一滴地记载下来，还写成了书。仅此而已！"

我个人认为：能不能写作是一个教育家和一个教书匠的基本区别。如果说身体是物质存在，那么文字所承载的思想则是精神存在。真正有志于成为教育家的老师，不仅应该教好自己的学生，还应该能够影响身边乃至更大范围内的其他人。

三

卓越的老师应该具有知识分子的社会担当精神，应该有教育的良心。也许我一辈子都成不了思想的巨人，但我决不做行动的矮子。

针对中国教育改革中出现的种种问题，我以青年教师的热情和良知，思考着。

为了用事实说话，不靠在书斋里拍脑袋，我自费跑遍大半个中国，拜访专家名师，深入一线，深入农村，调查中国教育，尤其是基础教育，先后走访了不同阶层不同行业的两千多人，掌握了大量的第一手材料，以真实的视角记录下真实的中国教育，写出了十几万字的调查报告。

近几年来，我对教育的思考文字引起了广泛的关注。《中国语文教育需要来一场文艺复兴》在一些教育网站引发了思想启蒙的讨论，《关于语文教育的本原思考》引发不少教育同行对"乱花渐欲迷人眼"的语文改革的反思，《没有惩戒的教育是不完整的》等在一些教育网站引发了"教育惩戒"的讨论，《呼唤野性教育》引发不少教育同行对大行其道的"赏识教育"进行反思，《管理还是"理管"》《理想主义的计划道德》《警惕创新迷信病》《孩子是一个国家最重要的资源》等文章受到不少专家和一线教师的好评。

没有人要求我必须这样做，也没有人资助我做这一切。我是自觉地也是自主地做这一切的。为了那些曾经把毕生的心血献给教育事业的先驱们，更为了祖国的教育事业和我广大的学生。

四

王安石讲过"三不足"："天变不足畏，祖宗不足法，人言不足恤。"我有"三不畏"：学术上的权威不畏，政治上的威权不畏，社会上的人言汹汹不畏。我所持的许多观点，不会轻易放弃，除非实践证明我确实错了。如果是那样，我也不会"披发入山、埋琴焚书"。

我常常为一些人感到可悲，把聪明才智都浪费在无聊的事情上。还是多用心去做一些力所能及的事吧，哪怕它小，对社会都是有益的。

不做庸师

回想自己走过的路，常常有一种莫名的惆怅。当自己到农村调查被小偷窃去全部金钱孤独无助时，当自己"另类"的言行遭到别人的白眼时，当自己囊中羞涩蹲在新华书店摘录"文献"遭到售货员的讽刺和挖苦时，当自己在炎炎的夏日忍受着蚊虫的叮咬在灯下写作时，当自己冬日在简陋的书房里忍受着零下五六度的寒冷煎熬时，当自己单调的敲击键盘声伴着犬吠虫鸣送走一个又一个黑夜迎来一个又一个黎明时，苦闷、孤独、寂寞常常袭上心头，那种悲哀常常找不到合适的语言来形容，自己所谓的研究，也几次险些荒废。

常常感觉自己像葬梦荒园里的一只望乡的不归鸟，栖息在凋残的枝上，虽日日啄食苦涩的寂寞，焚孤寂以吟唱，却听不到应和的声音。每当此时，特别理解范仲淹的"微斯人，吾谁与归"和周敦颐的"莲之爱，同予者何人"的感慨，好在我能避苦求乐，能苦会乐，化苦为乐。我常想：避苦求乐，可能是人性的自然；能苦会乐，可能是做人的坦然；化苦为乐，则可能是智者的超然。也许只有在大孤独中才能领略到大境界。

与团队共同成长

> 让灵魂阻止时光的流逝,
> 我宁愿做塞外的一棵胡杨。
> 大漠的风是特制的钙片,
> 为文弱的书生壮骨。
> 虽然我的行囊里没有剑,
> 但也要做一个铿锵的梦。
> ——常作印《将军令》

马克思说:"一个人的发展取决于和他直接或者间接进行交往的其他一切人的发展。"我非常认同。任何人都不是一座封闭的孤岛,也绝非自给自足的庄园;只有与尺码相同的人互为风景,才能得到别人的更多帮助,才能更好认识自己,才能让自己做得更好,走得更远。教师的专业成长和职业发展,很大程度上取决于有什么样的同伴。

一

记得2005年冬天,一个飘雪的周末,我和柳文生、王安濮两位老师怅然地走在雪地上,六行歪斜的脚印,书写了"迷惘"两个大字。

"我们能不能搞一个类似协助组的工作室,用深度的反思走出实践的困顿?"在街边那个昏暗的小酒馆,这个提议,让我们三个冲动的年轻人拥抱在一起。

于是，我的第一个教师专业发展团队——三剑客工作室，在那个风雪之夜诞生了。没有剪彩，没有仪式，有的只是一种期盼走出困顿的渴望。我们约定，三人联手闯世界，用脚走路，用脑思考，努力做学生思想的点灯人，用热情去拥抱真正的教育，用生命去开辟属于我们自己的教育绿洲。

我们"立足教育，立足学生，立足学科，立足问题"，彼此温暖和鼓励，每次凑到一起都有谈不完的话题。没想到的是，"三剑客"在网络上一开始就赢得了众多同行的支持，我们在"教育在线"建立的那个主题帖格外火爆，在不长的时间内点击率就有20 000多。

事实上，网络点燃了我们的激情，更坚定了我们既定的发展方向。在虚拟的网络世界里，我们学会交流、学会反思，也实现了专业成长并运用于教学实践中的理想。

由于论坛主题帖的查找不便，2007年我又在网易开设了自己的教育博客"诗意的河流"，不到三年的时间访问量就突破350万次，被全国许多家长、学生和老师誉为"教育百宝箱"。尤其是我的学生和家长，有什么问题就在博客上面留言，我也愿意随时解答他们的困惑。

二

三剑客工作室和博客的成功运作，更加坚定我组建更大规模的教师专业发展共同体的信心。在学校领导的大力支持下，我与一批老师成立了"明师共同体"，率先在全省开设第一个教师专业成长朋友圈——明师工作室，省外也有100多名老师参与其中。

刚开始，有人质疑我们是不是写错了最关键的一个字，把"名"写成了"明"？

我总是耐心地解答："明师，即明理的教师。在教育教学的道路上，我们不期望自己成为世俗意义上的'名师'，但也绝不容忍荒废时光、虚掷生命。所以，我们要做一个知道自己在做什么、知道自己为什么而活着的'明师'。"

"明师共同体"成立后，以"共写共生活"为切入点。成员们一起品味孔子、陶行知、苏霍姆林斯基、杜威、佐藤学、帕克·帕尔默等中外教育大师的教诲，每个成员内在精神的分子结构也一点一滴地发生着改变。

共同体经常进行的网络研讨，打破了时空界限，丰富着成员们的内涵，润泽着成员们的心灵，也催生着成员们的智慧。我把这种研讨称为"神仙会"，在不断切磋碰撞中，金点子源源而出，很多生动的教学创意都在碰撞中产生。

"读书、实践、研讨、写作"逐渐成为共同体成员的生活方式，每个人在各自的教育岗位上悄悄地成长，虽不刻意，但一些种子分明已经茁壮成长。

安阳市语文教研员蒋新海老师更是把我们团队的模式进一步拓展，筹建了"洹语在线"网站，我应邀成为版主。此网站开通伊始，就吸引了一大批优秀的教师。

2006年9月，蒋新海老师专门安排我为全市语文教师做专业成长报告。那场报告被一些老师誉为"安阳教育界的一场思想风暴"，激发了一大批教师的专业成长梦想。自此，安阳市教师开博客和专业写作也蔚然成风。

三

优秀是卓越的大敌。在与姚文俊、张万祥、高万祥、张文质、刘铁芳、孟素琴、原绿色、蒋新海等专家交流时，他们都希望我能走得更远，站在行业的最前沿，放眼全国，引领更多的教师快速成长起来。《教育时报》的刘肖主编更是提醒："河南教师专业发展，需要像你这样的人团结一批我省优秀的个体户，努力形成豫派集团军！"每次我都诚惶诚恐，因为我非常清楚自己的短板。

2012年2月，为了团结散落河南各地的优秀的教师"个体户"，更好地服务于河南教师的专业成长，也为了把自己掌握的资源做到最大化，我与原绿色、柳文生、汪重阳、徐文祥、闫付庆等朋友相继成立了"追梦教师沙龙"和"绿色教育发展研究会"，并建立了QQ群，以一种大家都愿意自觉遵守的心灵契约，召唤、集合、引领河南乃至全国有追求、有梦想的教师，让他们与"尺码相同的人"交流，以求得心灵的共同温暖、思想的共同成熟、专业的共同进步，进而以昂扬的斗志、饱满的激情，行走在绿色追梦的路上。

一开始，我就邀请了全国著名专家和名师加入我们的追梦群，他们的到来不但大大提升了研讨的质量，更为一线教师的发展指明了方向。

追梦团队建立不到一个月，成员就发展到200人。主打品牌"相约星期六"（主题研讨），每次都成为全体成员的热切期待！

群内一位朋友写道："这里没有文人相轻式的敷衍，只有观点碰撞后的舒畅快意；没有任何强制的灌输，没有任何权威的胁迫，一切深邃的、有教育意义的记忆都是自然而然地发生着，就像生活本身平和而稳健，每一个阶段都真实和美。我终于明白了什么叫潜移默化和润物无声！"

那几年，我作为"队长"之一，真切地感受到自己内心的日益充实和强大。每次提醒别人读书、思考、写作时，其实也是在提醒自己："身为队长好意思不读书、不思考、不写作吗？自己做不好怎么好意思提醒别人？"每一次，只有在自己努力地读了、思了、写了，才敢督促朋友们。

其实，正是这种压力成为我读书不止、笔耕不辍、探索不息的动力，使我逐步从教育的自发状态进入了自觉状态。教育的方向和目标日益清晰明了，前进的步伐更加坚定沉着。

几年来，最值得骄傲的是，我们在培养了一批又一批优秀的学生的同时，也带出来几个有影响力的教师专业发展团队，而且还获得一些"额外奖赏"：先后获得全国优质课大赛一等奖，省教学技能竞赛特等奖第一名，省名师选拔中学组第一名。我先后发表文章200多篇，出版专著多部，荣登多家教育杂志封面人物，还应邀到20多个省市做报告100多场……

回想起那些跋涉的日子，有无语凝咽的痛楚，有纵意江山的快活，更有刀光剑影的争论，更多的是与团队的朋友默默地相互扶持。我坚信："上了路，就天天走，总会遇到隆重的庆典！"

享受教育，收获幸福

> 哲学的天空，
> 投下冷峻的一瞥。
> 在一寸一寸的沉默隐喻之后，
> 试着伸腕，
> 把满天的星斗擦亮。
> ——常作印《沉默的隐喻》

人生就如一个单程的旅途，重要的不是沿途的风景，而是看风景的心态。

一

既然选择了教师这个职业，又何必太在意那许多的不适呢？把每天的工作当作一个快乐的开始，全身心地投入到自己喜爱的事业中，和每个孩子愉快地交换眼神，成就学生的同时也成就自己，这是一件多么幸福的事啊！

20多年来，我坚定而自信地站立在讲台上，带领着孩子们在知识的海洋里一起遨游，一起放飞理想。我不懈地努力着，执着地追求着，在通向成长的道路上留下了串串坚实的足迹。还记得第一次和学生一起参加全国作文大赛获得全面丰收，第一次鼓励那个胆小的女生向杂志社投稿，第一次和学生共享媒体对我的整版专访……太多的第一次，让我每时每刻都能体会到成功的喜悦、生活的美丽与生命的年轻。

很多时候，我感觉不是我这个人站在讲台上，而是我的生命站在讲台上。我快乐着享受付出，快乐着享受工作，快乐着享受与孩子们在一起的岁月，快乐着享受生命和活着的过程。对我而言，每一节课真的都是一种快乐和享受，是和那些可爱的孩子们用心和生命进行交流的快乐与享受。

二

我最骄傲的是，在各级领导关心下，在同事和家人的帮助下，培养了一批又一批的优秀学生，而且还获得了上苍给予的一些"额外的福利和奖赏"：

我先后发表文章200多篇，荣获省级以上教科研成果奖20多项，先后应邀到全国各地做报告数百场，我的事迹也先后被《中国教师报》等20多家报刊重点报道。

2006年7月26日，《教育时报》第一版以《中原课改名师常作印：过一种幸福的教育生活》为题整版报道了我的成长经历。

2008年，在河南省教育系统教学技能大赛中一举夺得特等奖第一名，并被授予河南省"五一劳动奖章"。

2008年12月，被《教育时报》评为"改革开放30年河南教育变革榜样人物"。

2010年4月，在全国中学语文优质课竞赛中荣获一等奖。

2013年，被北京市丰台区人才引进，在京城名校开始第二次"创业"。

…………

近些年来，表面看我的成长速度有所减缓，但回到经典，回到课堂，回到教室，回到平凡朴素的教育生活之中，做个"有光"的教师，享受教育的幸福，是我坚定的教育信念。

三

现在的教育评价制度很容易让教师掉进"荣誉的陷阱"，有理想的教师对这种"陷阱"要保持必要的警惕。当你的教育人生走到一个足够高的新境界时，你就会明白有比获奖、做课题、发表文章等更值得追求的事，那就是守住教育的本真，守住自己的教室，关注孩子的生命状态。

对我而言，每天的教育生活，就是和学生一起营造一个光明的诗意的"生命场"。沉静下来，试着用心去挖掘教育教学工作中的一些细节，试着读懂每一个孩子，让每一个生命在教室里开出花来。我认为，这是我的工作中最有光芒、最有美感、最有价值的事情。

前几天，我收到一位毕业多年的学生的短信，提起当年班级里的故事，他都如数家珍。他写道："您是我遇到的最好的老师！您是我们的班主任，更是我们知心的朋友和精神导师。我一辈子都不会忘记您！如果有来生，我愿意一万次做您的学生！"看完短信，一种莫名的激动涌上心头，不知不觉中，我的两眼湿润了。平淡的日子中，这种幸福和快乐只有老师才能享受得到，而我拥有了这种幸福和快乐，我也会尽力去创造平淡中的新奇。

觉醒：做一个有专业尊严的教师

"要有光"：想透大问题，做好小事情

为了看看阳光，我们来到这世上。为了成为阳光，我们求索于世上。

我说"教师要有光"，只有教师"有了光"，他的学生才可能精神明亮。

一

我们需要自我引导、自我发展，而非永远期待他人和体制的改变。毕加索说："你的腹中有一千道光芒。"我们都要学会自己培养自己——让自己丰富起来、温润起来、强大起来。因为只有我们教师自己丰富了、温润了、强大了，才有可能帮助我们的学生丰富起来、温润起来、强大起来。

真正的名师和有影响力的教师，都是把教育当成"命业"，都是有光的行者和思想者。他们超越分数及纪律，以生命在场的姿态，唤醒、点化和润泽着生命，为学生的精神发育提供适合的营养品。

真正卓越的名师都不纯粹是组织培养出来的，也不是通过评选活动评选出来的，更不是靠荣誉堆出来的。而往往是，他们善于自己培养自己。

学会自己培养自己吧！一定要多读点好书，优秀首先是读出来的。把自己当作品牌来经营，十年之后，你究竟是香奈儿还是路边的地摊货，一目了然。不奢望这一辈子有多成功，但是不断地提高自己，做个永不贬值的班主任或学科教师，你才值得拥有更好的未来！

"向死而生"，是德国哲学家马丁·海德格尔的重要观点。面对无法避免的死亡，他给出了一个终极答案：生命意义上的倒计时法。近些年来，我一直在思考几个"大问题":我做的是真教育吗?我做的是上品的教育吗?我能把学生托举到怎样的高度?

二

教师要对教育有敬畏之心,尊重学生和自己的职业。如果我们自己都不尊重自己,又有谁会尊重我们呢?自尊者,人尊之;自爱者,人爱之。能否找回自己的内在自尊,不仅决定着一个教师是否"有光",而且直接决定着一个教师是否真正的幸福。

如果我们追求上品的教育,就要"想大问题,做小事情"。大问题不去想,想不透,育人目标就会出现偏差,我们就有可能勤勤恳恳地干着蠢事还沾沾自喜。所以,要经常思考:教育是什么?我做的是什么教育?我为谁培养人?我到底要培养什么样的人?

近年来,学生撕书、殴打老师的事情不断发生。不知道大家思考过没有:这种事情的发生,除去体制的原因,难道就与我们老师没有一点关系吗?

我们即使处于烂泥塘,也要努力地把自己开成一朵高贵的莲花,"出淤泥而不染,濯清涟而不妖"。虽然我们影响力有限,但起码这个烂泥塘里有了一道独特的风景。请记住:别人烂掉不是我们烂掉的理由,别人堕落不是我们堕落的借口。

活鱼会逆流而上,死鱼才会随波逐流。

生气不如争气,看破不如突破,心动不如行动。

三

没有灵魂和信仰的暗夜是危险的,我们应该用高贵的思想之光照亮内心。

德国柏林墙倒塌的前两年,守墙卫兵因格·亨里奇因射杀一名企图翻墙逃向联邦德国的青年克利斯而在1992年2月受到了审判。亨里奇和律师都辩称卫兵的行为仅仅是执行命令,别无选择,罪不在己,他所犯的不过是"平庸无奇的恶"。

然而，法官西奥多·赛德尔却认为："作为警察，不执行上级命令是有罪的，但打不准是无罪的。作为一个心智健全的人，此时此刻，你有把枪口抬高一厘米的主权，这是你应主动承担的良心义务。这个世界，在法律之外还有'良知'。当法律和良知冲突时，良知是最高的行为准则，而不是法律。尊重生命，是一个放之四海而皆准的原则。"最终，卫兵亨里奇因蓄意射杀被判处三年半徒刑，且不予假释。

亨里奇案成了关乎"最高良知原则"的著名判例！

在我们教师群体中，是否有个别人抛弃这"抬高一厘米"的权力，不知不觉中堕落到平庸之恶的深渊，并逐渐麻木地成为恶的一部分？

我觉得："不作恶"，这三个字应该是我们坚守的道德底线！对教师而言，一个"平庸无奇的恶"，表面看来没什么，但它会成为一些罪恶的源头，足以毁灭一个孩子的灵魂和世界。我们如果一直与这种"平庸无奇的恶"为伍，那么就永远不会走向卓越。因为卓越的教师会"肩扛起黑暗的闸门，放学生到光明里去"。

无论我们所处的是一个多么令人沮丧的教育环境，无论我们所面对的是一个怎样令人焦虑的教育现实，作为教师，我们都应该做个"有光"的人，不断播种"光明"，尽量减少"平庸无奇的恶"。

四

给孩子上品的真、善、美的教育，应该是我们追求的目标！如果我们放弃思考的立场和道德的底线，仅仅是某种声音的传声筒，而不去告诉学生如何甄别真与伪、善与恶、美与丑，也许某一天，学生的拳头又会挥舞到我们头上。

天下兴亡，我的责任，让中国教育因我而改变。我们无力改变教育体制，但我们可以改变自己的教学和自己的班级！只要用心"发光"，每一个教师都能与自己的学生创造生命的奇迹，开出绚丽的人生花朵。一定要坚信：每一个教师和每一个教室的改变，也会让中国教育发生质的改变！我们也可以改变世界！

专业觉醒是发展的前提

德国著名思想家康德说:"没有概念的直观是盲目的。"要谈"专业",首先要明白什么是"专业"。所谓专业,就是需要专门的知识和技能才能从事的某种工作,它最大的特点是不可替代性。所谓专业化,就是用尽可能少的时间达到尽可能多的功效。专业化,在某种意义上讲,就是高效化。

如果从现代教学形式——班级授课制的建立、教师开始成为一种专门职业算起,教师专业化已经走过了300多年的历史。

二战以后,特别是20世纪60年代以后,教师专业化成为一种强劲的思想浪潮,并极大地推动了许多国家教师教育新理念和新制度的建立。

现在,教师专业化已经成为促进教师教育发展和提高教师社会地位的成功策略。

20世纪60年代中期以后,随着出生率下降而对教师需求量的降低,由于经济原因教师培养机构成为政府削减公共开支的对象,以及公众对教育质量的不满引发对教师教育的批评,提高教师"质"的要求取代了对"量"的急需,对教师素质的关注达到了空前的程度。

1966年联合国教科文组织和国际劳工组织提出《关于教师地位的建议》,首次以官方文件形式对教师专业化做出了明确说明,提出"应把教育工作视为专门的职业,这种职业要求教师经过严格、持续的学习,获得并保持专门的知识和特别的技术"。

1971年日本中央教育审议会通过的《关于今后学校教育的综合扩充与调

整的基本措施》中指出，"教师职业本来就需要极高的专门性"，强调应当确认、加强教师的专业化。

在英国，随着教师聘任制和教师证书制度的实施，教师专业化进程不断加快，20世纪80年代末建立了旨在促进教师专业化的校本培训模式，1998年教育与就业部颁布了新的教师教育专业性认可标准"教师教育课程要求"。

我国的香港和台湾分别从20世纪80年代后期开始加强教师专业化教育制度的改革，教师专业化的观念成为社会的共识。

1989—1992年，经济合作与发展组织（OECD）相继发表了一系列有关教师及教师专业化改革的研究报告，如《教师培训》《学校质量》《今日之教师》《教师质量》等。

1996年，联合国教科文组织召开的第45届国际教育大会提出，"在提高教师地位的整体政策中，专业化是最有前途的中长期策略"。

近年来，随着信息技术的高速发展，经济全球化的进程日益加快，社会对教师工作质量和效益的要求空前提高。在这一背景下，进行以教师专业化为核心的教师教育改革，已成为世界教育与社会发展的共同特征。

我国虽然早在20世纪30年代就对教师职业展开过讨论，当时有一种很鲜明的观点，认为"教师不单是一种职业，且是一种专业，……性质与医生、律师、工程师相类似"，时至今日，对教师是不可替代的专门职业仍未形成共识。

在不少人的思维里，还把教师定位为一个像春蚕、似蜡烛的奉献职业。我们在教育理念上还提出"一切为了孩子，为了孩子一切，为了一切孩子"这样的口号，而恰恰忽视了教师这个专业群体最需要发展起来。没有教师的觉醒和专业发展，任何教育改革的结局都只能以失败告终。

顾明远教授指出，现代社会职业有一条铁的规律，即只有专业化才有社会地位，才能受到社会的尊重。如果一种职业是人人可以担任的，那么在社会上是没有地位的。因此，我们不能理解，为什么对教师的抱怨越来越多？原因之一就是我们这个群体在专业化发展上做得还不够好。

一些教师退休时的教学水平往往和他刚参加工作时的水平差不多，几十年来几乎在自己的专业上没有什么发展，甚至出现了越教越"矮"的局面：教高中的教师，最后只剩高中水平；教初中的教师，最后只剩初中水平；教小学的教师，最后只剩小学水平。这就是中国教师专业素质的现实，社会又怎么会对我们这个群体满意呢？

几十年来，一代又一代的教师寄希望于教育体制的改变，却认识不到自身的力量，我们中国教师身上或多或少地都存在一种"青天情结"。

我们常常面临着这样的困境：几乎所有人都对教育不满，却没有把这种不满转化为改革的动力。我们看到的情形是，随着上大学的比例大幅度上扬，升学竞争反而显得更为残酷，甚至从高中弥漫到了小学。

作为身肩重任的教育者，我们这个群体也是受害者（不乏受益者）。超负荷的工作，缺乏乐趣的备课，使越来越多的年轻人从加入到这个行业开始，就变得怨声载道，牢骚满腹。而政府为改变应试教育所做的一切努力，往往因为各种原因而付诸流水。令人奇怪的是，其中有一个重要的原因是来自教师。

从某种意义上讲，教师这个群体，既是应试教育的坚决反对者，又是应试教育的中流砥柱，甚至是教育改革失败的关键原因之一。

为什么会出现这种情况？因为任何改革，都需要自下而上的觉醒和成熟的专业化群体。古今中外的每一次历史改革，几乎都是先从民间开始的，走的是自下而上继而自上而下的路线。比如我们的联产承包责任制，最初就是从安徽的几个农民开始的，然后是自上而下的全国推行。中国的教育改革必须唤醒教师，只有教师自下而上的专业觉醒，来一场自我解放运动，我们的教育改革才有更大的活力。

对教师而言，我们也完全可以过一种幸福的教育生活。我们应时常思考这样的问题："我是否看到教师职业能给人带来的内在尊严？""我的专业劳动质量是否已达到了因创造而获得内在尊严与欢乐的水平？"对这些问题的追问，必将唤起我们作为职业主体的意识，重建教师专业意识和专业行为，使自己成为自觉创造教师专业生命和专业内在尊严的主体，享受因过程本身而带来的自身生命力焕发的欢乐。

总之，教师专业发展关键靠我们这个群体自己。正如《国际歌》所言："从来就没有什么救世主，也不靠神仙皇帝，要创造人类的幸福，全靠我们自己！"

让人看"专"你

苏联杰出的教育理论家、实践家马卡连柯说："假如你的工作、学问和成绩都非常出色，那你尽管放心，他们全会站在你这一边，决不会背弃你……相反地，不论你是多么亲切，你的话说得多么动听，态度是多么和蔼，不论你在日常生活中和休息的时候是多么的可爱，但是假如你的工作总是一事无成，总是跌跤，假如处处都可以看出你不通业务，假如你做出来的成绩都是废品和一场空，那么，除了蔑视，你永远不配得到什么。"

职业的尊严，只有靠专业去赢得，上天并不会白白地恩赐。

专业能力强才有解决问题的效率。没有专业能力，工作效率就无从谈起。事实上，教师的忙和累，与其说是由工作压力所致，不如说是没有充分专业化的必然结果。当教师专业化程度低的时候，必然造成其工作效率的低下，职业与教师个体生命之间必然产生断裂并构成紧张关系。这种紧张关系正是职业倦怠的根源之一。

要在任何一种职业上取得成功，首先都要从自身找原因。毕竟，我们最容易也最有效影响的变量就是我们自己。我们不能决定生命的长度，但我们可以控制它的宽度；我们改变不了环境，但我们可以改变自己；我们不能左右天气，但我们可以改变心情；我们不能预知明天，但我们可以利用今天；我们不能样样顺利，但我们可以事事尽力。

教师专业成长首先是心灵的成长，而职业和专业认同是其基础。

一名教师，想在工作上有所成就，就要提升专业能力，提高工作效率，就要敢于在灵魂的镜子前照出"丑陋的自己",从而真正地认识自我、完善自我,因为认识自我、完善自我与认识学生和学科是同等重要的。这正如《教学勇气》一书中所说:"真正好的教学来自教师的自身认同与自身完整。"

法国文学家雨果说:"只要学有专长,就不怕没有用武之地。"对于一个教师的事业而言,最大的危机就是业不精专。学生可以原谅教师的严厉、刻板,但是不能原谅教师的不学无术、不思进取、业不精专。笔者认为,学生超越教师,是教育的幸事,可如果教师太容易被超越,则是教育的悲哀。

有时候,教育被人为地简单化了:我们用"敬业精神"替代"专业智慧",用"天然爱心"替代"专业尊严",不讲效率,不讲科学,不讲专业化,让教师辛苦地走在高耗低能的路上,拼时间,拼体力,拼汗水。

近些年来,简化的赏识教育大行其道,但很少有人理解真正的赏识教育。如果仅仅是"棒棒棒,你真棒;行行行,你真行"就能够让一个孩子一天比一天变得更好的话,那么教育就实在太简单不过了!

种庄稼,光靠爱不行,只有懂才有好收成;教孩子,仅有爱不够,只有懂才有好未来。没有爱就没有教育,这是真理;有了爱,也不等于有了教育,这也是真理。教育仅仅靠赏识和爱是远远不够的,还需要专业的技巧和智慧。

高尔基说得好:"单单爱孩子,这是母鸡也会做的事情,可是善于教养他们,却是一桩伟大的公共事业。"学生在成长中各有各的问题,想用千篇一律的爱解决形形色色的问题,显然是不行的。现实生活告诉我们:对于许多问题学生,不合适的爱只能使他们"病情加重"。

我们都知道,教育是一门科学。既然教育是科学,就应按科学的规律办事。但遗憾的是,在我们身边,个别教师完全是"跟着感觉走",忽视教育科学,忽视孩子成长的规律。

我们常常抱怨工作的忙和累,抱怨学生越来越难管了,而忽视了自身专业素养上的严重问题。一些教师在培养学生成长的同时,恰恰忽视了自己专业上的进德修业。

今天的孩子已经生活在信息时代,而我们绝大多数老师的教育思维和教育方法还停留在计划经济时代。我们用计划经济时代的旧思维、旧方法教育信息时代的孩子，我们的教育又怎能不出问题呢？我们自己又怎能不身心疲惫呢？这正如毛泽东同志所言："我们队伍里面有一种恐慌，不是经济恐慌，也不是政治恐慌，而是本领恐慌。"

由此，我想到一则题为《袋鼠与笼子》的故事：

> 有一天，一个动物园的管理员突然发现园里的袋鼠跑出来了，于是开会讨论，大家一致认为是笼子的高度过低，所以他们决定将笼子的高度由原来的10米加高到20米。结果第二天，他们发现袋鼠还是跑到外面来了，所以他们又决定再将高度加高到30米。没想到隔天，居然又看到袋鼠全跑到了外面，于是管理员们大为紧张，决定一不做二不休，将笼子的高度加高到100米！一天，长颈鹿和几只袋鼠在聊天。"你们想，这些人会不会再继续加高你们的笼子？"长颈鹿问。"很难说！"袋鼠说，"如果他们再继续忘记锁门的话！"

故事中的管理员很好笑，自以为袋鼠之所以会跑到外面来，就是因为笼子太低了，于是不断地加高笼子，而忽视自己天天忘记锁门的错误。其实，我们不少老师就像故事中的管理员，在处理一些问题时，一味地抱怨学生而忽视自身的专业素养问题。比如：在许多老师看来，学生上课不听讲，就是"不想学"；不好好写作业，就是"没有认识到学习的重要性"；不守纪律，就是"成心捣乱"；"早恋"，就是"思想复杂、肮脏"；成绩一下降，就是因为"松劲"了。

总之，他们能把所有的问题都简单地归结为觉悟问题、道德问题、认识问题、是非问题，好像只要"认识"提高了，一切问题就都解决了。实际上并不是这样。孩子的许多问题并不属于道德问题、认识问题、是非问题，而常常是心理问题或者能力问题。心理问题和能力问题靠一般的思想教育方式是解决不了的。

经常听到一些老师说："我这么爱我的学生，为学生付出那么多，但他还是不听话！"但医生从来不说："我这么辛苦地为你治病，你怎么还不好！"付出和回报之间并不成正比!

在工作中,我们还经常看到一些老师很生气地对学生说:"我对你,真是恨铁不成钢!"其实铁是铁,钢是钢,这个铁是没办法变成钢的,而且铁有铁的价值,你也不要把它变成钢,可能铁好不容易变成的钢也是废钢,也是派不上用场的钢。教育中有不少悲剧就是"恨铁不成钢"造成的。

教育学生的前提是了解学生,这是教育最基本的原则,不了解学生就没有办法教育学生。但是当前某些学校,老师与学生的代沟问题十分严重!很多老师根本不了解自己的学生。是否真的了解学生,我们不妨用下面设计的调查问卷中的一些问题检测一下自己:

你的学生最喜欢玩的游戏是什么?

你的学生怎样看待早恋?

你的学生最喜欢的作业方式和最不喜欢的作业方式是什么?

你的学生最喜欢的奖励方式和最不喜欢的奖励方式是什么?

你的学生最愿意做的事情和最不愿意做的事情是什么?

你的学生最喜欢什么样的父母?最不喜欢什么样的父母?

你的学生最喜欢什么样的老师?最不喜欢什么样的老师?

你的学生最喜欢什么样的教学?最不喜欢什么样的教学?

你的学生最喜欢什么样的班主任?最不喜欢什么样的班主任?

你的学生最喜欢什么样的德育活动?最不喜欢什么样的德育活动?

…………

| 不 庸 师 |

教育不是一件简单的事情

德国著名的思想家康德说，人类有两件事情最难：一个是如何"统治"他人；另一个是如何"教育"他人。法国著名的思想家蒙田说："教育孩子是人类最重要而又最困难的学问。"英国著名的思想家和数学家怀特海说："教育培养人是个极其复杂的题目……对这个问题只有一点我可以肯定，那就是绝没有普遍适用而且简单易行的办法。"

"十年树木，百年树人"，教育面对的是活生生的孩子，教育绝不是一件简单的事情，从它产生的那一刻就注定了它的复杂性。教师也不是一个仅靠热情和勤奋就能干好的职业，它还需要很高的专业技巧和专业智慧。

一名教师，如果把天才硬生生培养成庸才，那则是对人类文明的最大犯罪。所以朱永新说："教师是一个冒险，甚至是危险的职业，伟人与罪人都可能在他的手中形成，因此教师必须如履薄冰，尽最大的努力让自己和自己的学生走向崇高。"

教育是个严肃的事情，是有其内在规律可循的科学，而不是任何人随随便便就可以搞花样翻新的玩意儿。王蒙曾这样说："不要太相信简单化：凡把复杂的问题说得像小葱拌豆腐一清二白者，皆不可信；凡把解决复杂问题说得如同探囊取物，易如反掌者，皆不可信。"确实，世界也好，教育也罢，远没有我们想象的那般简单，这需要我们更审慎地思考。

虽然决定教育的因素是非常复杂繁多的：有宏观方面的，也有微观方面的；有客观的，也有主观的；有观念性的，也有制度性的……但对于中小学教师而言，目前最为缺乏的是冷静的解剖自我、理性的分析方法、专业的教育技巧和智慧。

舒尔曼认为，教师的工作在本质上是一种"学术的专业"，一种复杂的智慧性工作。我们许多教师对于教育情景中的各种因果交叉、亦因亦果的非线型关系，懒得去用心观察与思考，只停留于最表面、最肤浅层次，轻率地做出所谓的事实和价值判断。我们平时教育的许多行为并没有顾及问题的普遍性、整体性、复杂性、深刻性和严重性。因为自己认识肤浅、说不清楚，所以就把"复杂问题简单化"，用一种表面的潇洒来掩盖自己内心对"因果关系的无知"。我想，这也正是一些教师为何在专业发展上长期停滞不前的重要原因。所以我认为：在教育叙事上我们应走出"罗曼蒂克"式的"爱心传奇"，接近真实的"教育田野"，多一点解剖和分析，少一点浪漫和说教，多一点寂寞和冷静，少一点急躁和盲从。

"业精于勤，荒于嬉；行成于思，毁于随。"思考是前行的火把，聪明人其实就是善于思考的人。因为只有思考能帮助我们从无效走向有效，只有思考能帮助我们从有效走向高效。普通人要反思，具有职业特殊性的教师更需要在思考的深度上下功夫，常反思，反常思，思反常。现实生活中，事情往往包含多种可能性，可是不少教师思考问题的时候，常常只是主观地幻想单一的可能性。他们的思维方式是表面的、孤立的、静止的、片面的、单向的、线性的、独断的、非讨论性的。多数教师很不习惯在矛盾中思考，很不习惯在事物的互相联系中思考，很不习惯刨根问底地思考，很不习惯假设多种可能性，很不习惯在思考中反驳自己。而本书就是要告诉你应该怎么做一个清醒的思想性教师。

错误是每一个教师的宝贵财富，也是每一个教师重要的课程资源。几乎可以这么说，任何一个教育者在其教育生涯中，都会犯这样或那样的错误。区别优秀的教育者和平庸的教育者，不在于教育者是否犯错误，而在于他如何对待已经犯了的错误。善于通过反思把教育失误变成教育财富，这是任何一个教育者从普通教师走向教育专家乃至教育家的最关键的因素之一。

每一次错误，对所有具备真诚反思精神的教育者来说，都是一个进步的台阶，我们沿着进步的台阶一步一步走向事业成功的高峰。相反，那些敷衍地对待自己的工作并且被某些狭隘的功利思想束缚头脑的人，往往会拼命地掩饰错误，会给自己找许多"借口"和"理由"。对这样的人来说，每一次自我原谅都是新的错误，这个错误同时也是一个陷阱——他们即使可能从这次错误的陷阱中艰难地爬上来，但随时都可能掉进另一个错误的陷阱，而永远不能够走向教育的大成功。

人生的"经"与"验"未必都需要亲力亲为，善于吸取别人的"经验"和"教训"，愿意听取别人的"教"与"训"，也是人生成长的捷径。"以铜为鉴，可以正衣冠；以人为鉴，可以明得失；以史为鉴，可以知兴替。"聪明的教师总是善于见贤思齐，察纳雅言，择善而从。我始终认为，有清醒的思想者和踏实的实践者，才会有理智的教育，才会有教育的发展和进步。愿读者诸君能以此书中的教师为鉴，经常静下心来叩问自己内心深处发出的声音，正视自己教育历程中的每一次"错误"或"失误"，敢于在灵魂的镜子前照出"丑陋的自己"，解剖自己，榨出自己皮袍下的"小"来，从而真正地认识自我、完善自我。

我们真的非常需要这样一面镜子，经常照照自己的错误和不足，让我们浮躁的灵魂在沉静中辨明方向。

教师的工作要有边界意识

世界上任何一种职业和角色，都有自己的责任界限。例如：对刑事案件的侦查、拘留、逮捕、预审由公安机关负责，但公安机关没有权力进行审判、定罪和量刑。检察院负责检察、批准逮捕、提起公诉，法院负责审判，但没有权力抓捕罪犯。

余秋雨先生在《千年庭院》一文中写道："我到很晚才知道，教育固然不无神圣，但并不是一项理想主义、英雄主义的事业，一个教师所能做到的事情十分有限。我们无力与各种力量抗争，至多在精力许可的年月里守住那个被称作学校的庭院，带着为数不多的学生参与一场陶冶人性人格的文化传递，目的无非是让参与者变得更像一个真正意义的人，而对这个目的达到的程度，又不能企望过高。"

作为教师，一定要明白我们的工作是有边界的，我们的教育力是有限的，我们的责任是"有限责任公司"，而不是"无限责任公司"。有些事情我们管不了，有些事情我们根本就不该管。在这个问题上，不能犯傻或装糊涂，必须永远保持清醒的头脑。

王晓春老师曾说："教师如果具有边界意识，他就会很清醒，很镇静，而不是每天急急挠挠地和学生较劲。他知道自己该做什么，不该做什么；能做什么，不能做到什么；什么是重点，什么不是重点；什么事我能应付，什么事我只能交给别人去办……也就是说，他知己知彼，工作不盲目，心里不焦虑，他把精力集中在确实能做的事情上，不浪费感情，尽量少做无用功。"

不做庸师

我们来看一个真实的案例：

我的好心学生不能读懂

李竹君

现在的学生感情冷漠，你把心掏给他们，他们不但不感谢，反而嫌腥。在我的眼里学生就是孩子，需要老师全方位的呵护，但结果却让人心寒。

班上有一位学生的父母感情不好，妻子没有工作，一切都依赖丈夫，疑心丈夫有外遇，因为信任我就和我倾诉。为了挽救即将破裂的家庭，给孩子一个安宁的大后方，我把孩子父亲请到学校，跟他谈了孩子的教育和成长的问题，并且让他保证不做破坏家庭的事。当时他态度非常诚恳，临走还感谢我对孩子的关心。可不久我在外面遇到了学生父亲和一个年轻女人很亲密地在一起，我意识到危机随时就会出现，就将此事告诉孩子的母亲，希望一同阻止危机。然而，孩子的父亲竟然当着我们的面承认了一切，并且提出马上离婚。孩子的母亲精神崩溃了，杀了丈夫，自己也被送进精神病院……孩子一下子成了孤儿，我能不管吗？我向全校师生发出了捐款倡议。当我把钱交给孩子时，他不但不感谢，把钱甩到一边，还恨恨地说："你已经将我害得家破人亡了，为什么还要继续毁我？"

我真的越来越不明白现在的学生了，他们的心离我很远，无法靠近。每年做班主任我都很投入，但结果却从没有得到过学生的好评，是学生难教育还是我的教育真的有问题？

（摘自王晓春《做一个专业的班主任》）

作为一个专业技术人员，教师要明确自己的"专业范围"，定位，到位，不缺位，也不越位，超出职业范围和界限的事情是不能做的，否则，不但会让我们的负担越来越重，而且极易犯低级错误。上面案例中的李老师，表面上看，很负责任，很热心，可惜她太自信，太主观，手伸得太长，她的好心和

"介入"明显越位了,帮助变成了干涉。家长有外遇,这是人家的私事。教师扮演告密者的角色,实在太莽撞了。这超出了教师的职责范围。事实证明,教师的干预并没有解决人家的家庭危机,反而造成了更大的危机,还出了人命。事后,李老师不但不反思自己的失误和教训,反而责备孩子冷漠与无情。案例中的李老师只会埋怨学生不懂自己的好心,试问:她读懂孩子的心了吗?读懂孩子父亲、母亲的心了吗?一个也没读懂,她根本不了解学生和家长。

案例中的李老师越位介入人家的私事,用自己的错误方式期望解决问题,结果把问题搞得一团糟,还在埋怨学生不接受她的好心和教导:"我真的越来越不明白现在的学生了,他们的心离我很远,无法靠近。"她却不想想自己是否越界,自己开的药方是否对症。这样的班主任,怎么可能会得到学生的好评呢?是学生难教育,还是她的教育有问题?相信读者自有判断。

教师专业发展的主阵地是课堂

如果说"医生的真功夫在病床上",那么"教师的真功夫在课堂上"。

课堂是教育之核心,是教育的起点和终点,也是实施教育影响的实践场。对学校和教师而言,得课堂者得天下!课堂是教师专业发展的基础和生命。课堂不仅是检验教师专业技能的场所,也是教师不断丰富和提升发展专业技能的场所。如果说教育教学是一名教师思想存在方式的话,那么他只有借助于课堂这个载体,才能实现专业发展振翅冲天的快感和超越。

令人遗憾的是,不少老师在专业发展的道路上误入歧途,以为专业发展就是写写文章、做做课题等,而荒了自己的课堂。我们现在倡导的读书、反思、写随笔等,一定意义上讲,都是为课堂教学服务的。

初任教师要研究课堂教学常规,"能备课,能上课";合格教师要练习课堂教学技能,"备好课,上好课";骨干教师要关注课堂教学成效,"备优课,上优课"。

在这一方面,我们应该向上海市著名语文特级教师于漪老师学习。在教学上,她既不重复别人,也不重复自己,几十年如一日,心无旁骛,坚守于自己的课堂,沉浸于自己的课堂。

曾有一位青年教师从1976年开始,随堂跟踪了于漪老师的3000多节语文课。她最深切的感受是,于漪老师从来不重复,每节课都是美丽动人的人文景观。每节课都可以打开大门,多了不得!于漪老师自己如此诠释:"我上公开课时,从来不搞任何彩排,哪怕教育部长来听课,也是响铃就上课,平时怎样上，公开课就怎样上。"于漪老师常说："我上了一辈子课，教了一辈子语文，但还是上了一辈子深感遗憾的课。"这是一种永不满足的精神，有人感叹："于漪教书简直着了魔！"

于漪老师引起关注后，每天都有全国各地很多慕名前来听课的人，几乎每节课都有几十人听课。她连续几年，天天公开课，节节优质课，过硬的课堂功夫造就了一代名师。

于漪老师在关于语文教学的报告中曾提到她"一课三备成名师"的经验：

第一次备课——不看任何参考书与文献，全按个人见解准备教案。

第二次备课——广泛涉猎，仔细对照，"看哪些东西我想到了，人家也想到了。哪些东西我没有想到，但人家想到了，学习理解后补进自己的教案。哪些东西我想到了，但人家没想到，我要到课堂上去用一用，是否我想的真有道理，这些可能会成为我以后的特色"。

第三次备课——边教边改，在设想与上课的不同细节中，区别顺利与困难之处，课后再次"备课"，修改教案。

于漪老师的三次备课，做到了"三个关注"（关注自我经验，关注文献资料，关注课堂现实），还做到了两次反思（反思经验与理念，反思设计与现实）。

如果你想成为一名优秀的教师，不妨用于漪老师那样的态度去备课，立足课堂，不断挑战自己，你的教学水平一定会有大的进步。

老子说："自知者，明也。"新课程背景下，备课究竟"备什么"？概括起来说，即备课标，备教材，备目标，备教法，备学法，备学生，备课堂变化，还要备自己。应该以"学"为中心，预设与生成共舞。

崔成林老师在他的讲座《基于问题解决的教师发展行动研究》中，提到了20个产生于教学实践、切合教师教学实际的"小课题"：

1．教材处理的"深"与"浅"；

2．课堂气氛的"热"与"冷"；

3．教学活动的"动"与"静"；

4．小组合作的"成"与"败"；

5．情境设计的"圆"与"缺";

6．教材拓展的"多"与"少";

7．个性发展的"有"与"无";

8．创新支点的"现"与"隐";

9．师生地位的"同"与"异";

10．目标达成的"高"与"低";

11．课堂游戏的"得"与"失";

12．课堂评价的"灵"与"死";

13．探究过程的"真"与"假";

14．自主学习的"收"与"放";

15．问题提出的"疏"与"密";

16．教师语言的"雅"与"俗";

17．思维训练的"聚"与"散";

18．情感体验的"虚"与"实";

19．知能培养的"合"与"分";

20．生活实践的"近"与"远"。

这20个"小课题"包含20个辩证关系,如果我们能认真思考和研究,就等于走上了教师专业发展的捷径。

有一种失败叫"瞎忙"

几年来,我应邀到许多学校与老师交流专业成长话题,我听到太多老师们的太多"忙"与"累"的诉说。就教师这个群体的整体而言,无论是小学还是中学,都几乎众口一词地发出一个相同的声音:做教师太累了!概括起来大致有三"累":身累、心累、脑累。

作为一名长期工作在教学一线的老师,我非常理解当今教师的辛苦。但问题是:我们的忙碌是否都有意义和必要?教师难道就真的不能过一种轻松完整的幸福教育生活吗?

"焦头烂额"不应是教师生活的常态。全国知名班主任郑学志老师说:"累,一定是我们做错了什么。我一直坚定地认为,累不是教育发展的真正目的,犹如科技一样,越发达应该给人带来方便越多。如果我们在教育中感觉到累,感觉到体力和心力交瘁,那一定是我们在什么地方做错了。"

忙者,心亡也。太忙则心死。教师本来应当是人类中最具思考力的群体之一,但现在教育的哀伤正在于,教育传播的主体——教师严重缺失思考的习惯和独立思索的精神。我们常常太忙,在不停的忙碌中忘记了一天天忙碌的理由。其实,工作做得好不好,是要看它的结果,而不是看你有多忙。遗憾的是,不少教师正在把以脑力劳动为主的教育沦为机械的类似体力活的工种。庸俗的、无多大意义的忙碌正像一种可怕的病毒,在中小学教师身上传播和蔓延,"两眼一睁,忙到熄灯",忙得忘记为我们身上的从容、优雅、淡定的品质保鲜。虽然我们每天像驴拉磨一样忙忙碌碌,却始终是在原地打转,每天

"涛声依旧"地重复着"昨天的故事",这是当今许多教师的生活写照。我们许多老师的确陷入一个不能自拔的怪圈。因为忙碌导致付出太多,一旦领导不赏识自己,同事不同情自己,学生不理解自己,有人便会产生怨恨心理,抱怨领导有眼无珠,抱怨同事没有心肝,抱怨学生不知感恩……这样的生活一天天重复,兢兢业业地苦干,最终却碌碌无为,等到年华老去,才会感到自己一生过得并不精彩。

教师要做工作的主人而非工作的奴隶,要分清是"你"在做"事",还是"事"在做"你","热爱工作"与"工作上瘾"是截然不同的两个概念。不少教师的累,累在忙、盲、莽、茫,即累在"忙碌",累在"盲目",累在"莽撞",累在"茫想"。

提高自己的专业技能,就可以舍掉一些无谓的忙碌。时常给自己的心灵放个假,不但会使你疲惫的神经得到适时的放松,也会点缀调剂你乏味平淡的生活,更会使你的工作高效起来。

再忙也要留出思考的时间

其实，区别优秀的教育者和平庸的教育者，不在于教育者是否天天忙碌，而在于是如何通过思考把实践变成精神财富的。

有这样一则故事：

> 有一天深夜，诺贝尔奖获得者英国物理学家卢瑟福看见实验室还亮着灯，他走进去一看，发现自己的一个学生仍伏在工作台上。卢瑟福问："这么晚了，你还在干什么？"学生回答："我在做一个实验。""那你白天在做什么呢？""做实验。""你早上也在工作吗？""是的。""你每天都如此吗？""是的。"学生期待着赞赏。可是，卢瑟福皱一下眉头，问道："那么，你用什么时间来思考呢？"在卢瑟福看来，动手实践对于科学研究固然重要，但不静心思考更可怕！

思考是前行的火把。再忙也要留出思考的时间，一小时的思考胜过一周的忙碌。因为思考能帮助我们从无效走向有效，思考能帮助我们从有效走向高效。肖川曾说："思想需要经验的累积，灵感需要感受的沉淀，最细致的体验需要最宁静透彻的观照。"累积、沉淀、宁静、观照，哪一样可以在忙碌中产生呢？我相信，奔忙，使作家无法写作，使音乐家无法谱曲，使画家无法作画，使学者无法著述。闲暇、思考，是创造力的有机土壤，不可或缺。苏霍姆林斯基说得好："正像肌肉离开劳动和锻炼就会变得萎缩无力一样，智慧离开紧张的动脑,离开思考,离开独立的探索,就得不到发展。"

教学重在反思,书本上的知识只有在善思者的头脑中才能活化为智慧。要学会静下心来不断叩问自己内心深处发出的声音。如果只知重复,一味照搬,教学工作"年年岁岁花相似",又哪会出现"岁岁年年人不同"的新气象呢?

知识只是奠定教师课堂教学的底气,而思考却给教师带来灵气。一个有底气和灵气的教师在课堂上才会大气,才会表现出教育机智。如果我们的双眼被忙忙碌碌毫无闲暇的教育生活所蒙蔽,如果我们的大脑塞满了教育中的繁杂琐碎,那么我们将难以睁开自己那双独立思考的眼睛,也难以在自己心中清理出一块静心反思的百草园。

有人说,仅仅拥有知识的人看到一块石头就是一块石头,而善于思考、拥有智慧的人却能在一块石头的缝隙里看到别致的风景,从一粒沙子里发现天使的灵魂。

思考能让教师从习以为常的教学惯性与惰性中超拔而出,赋予教师不盲从、不盲信、不盲动的思想品质,增益教师课堂教学的敏锐感知力与专业判断力,从而在随波逐流的时势中独树一帜,体验课堂教学的尊严和乐趣。

我们真的没有时间发展自己吗?

《教育时报·课改导刊》曾刊发孙国峰老师的文章《敢问路在何方——从一个普通教师的一天说开来》，文中诉说了他工作忙碌，身心疲惫，根本没有专业发展的时间。可以说，孙老师的困惑也是中国很多教师面临的困惑，具有典型性。几年来，我与不少地方的老师就专业发展问题进行过交流，我听到老师们太多的"忙"与"累"的诉说。"备课、上课、批改作业、家访、处理学生之间的矛盾，还要做家务、奉养老人和教育自己的孩子等，几乎占去一天所有能支配的时间，即使不睡觉，一天24小时全用上，也感觉时间紧张，哪还有时间去读书和进行教学反思？"

作为一个长期工作在教学一线的老师，我非常理解当今教师的辛苦。但问题是：在现行体制下，我们真的没有时间发展自己吗？以下几个问题不妨问一问自己：

你有计划和目标吗?

为什么做计划？这是因为计划可以给出方向，减小变化的冲击，使浪费和冗余减至最少，以利于控制设立标准。而缺乏计划则会走许多弯路，从而使实现目标的过程失去效率。计划可以减小不确定性，还能使我们能够预见到行动的结果。计划还可以减少重叠性和浪费性的活动。在实施之前的协调过程可能发现浪费和冗余，进一步，当手段和结果清楚时，低效率的问题也就暴露出来了。最后，设立目标和标准以便于进行控制，如果我们不清楚要达到什么目标，怎么判断我们是否已经达到了目标呢？在计划中我们设立目标，而在控制中，我们将实际的绩效与目标进行比较，发现可能发生的重大偏差，采取必要的校正行动。没有计划，就没有控制。

当有的老师抱怨一天的时间都不知道在忙些什么，我们即可断定，他们没有为以后几个月和以后几年做出计划，没有确立自己的发展目标，抱着得过且过的念头。如果教师不知道自己的价值追求是什么，那么工作也就失去了任何意义。

生活要有目标才有意义。要想有一个充实快乐和有意义的过程，就要清楚你到底要的是什么。没有大到不能完成的梦想，也没有小到不值得设立的目标，只有朝着确定的目标行动，才能有成功的希望。忙碌可以使我们的生活充实，让我们回忆起来觉得自己对得起时间、对得起自己，但如果你只是为了不闲着去忙，只是为了向人表明自己"很重要"而去忙，那么无知的谎言往往就会欺骗你的心灵。

> 话说唐贞观年间，在长安城的一个磨坊里，一匹白马和一匹黑马非常要好。后来，白马被唐玄奘选中，上西天取经去了。17年后，白马载誉而归，回来看望黑马。白马说起一路的见闻，黑马非常羡慕，惊叹道："你真了不起，这么远的路，我想都不敢想。"白马却说："其实我们走的距离是差不多的，我向西域前进的时候，你也一步没有停止。但不同的是，我有一个遥远但清晰的目标，而你却被蒙住了眼睛，一直围着磨盘打转。"看着往昔同在一个屋檐下的穷伙计如今名扬天下、衣锦还乡，黑马不由得自惭形秽。

没有明确的目标就永远不会到达成功的彼岸。目标对人生有着巨大的导向性作用，成功在一开始仅仅是一个选择。其实，我们一些教师就像那匹黑马，虽然天天忙忙碌碌，但始终是在原地打转。通常，我们的悲剧不是无法实现自己的目标，而是不知道自己的目标是什么。成功不在于你身在何处，而在于你朝着哪个方向走，并能够坚持下去。缺乏长远目标，会让我们把精力放在琐碎的事情上，而琐碎的事会使我们陷入忙碌，忘却最应该做的事。

因此，我想说：一位教师，无论年龄大小，他真正的教育人生是从设定目标的那一天开始的。

你懂得时间管理吗？

中国中小学教师的忙与累，抛开体制因素，一个严肃而又严重的现实不容忽视，那就是：绝大部分中小学教师欠缺管理知识和管理能力，更没有时间管理的意识。教师教育教学本身就包含着要不断"发展自己、提升自己"的责任，教师在教学生学习的过程中发展自己也是可以做到的，"教学相长"就是这个道理。教师把教学和发展分割开来，试图专门划分出一段时间用于发展，这种认识既是可笑的，也是不现实的。

管理是一门科学，本质就是追求效率。但在很多教师的思想里存在一个误区，那就是：管理是领导的事，普通教师根本不需要学管理。其实，每个人都是管理者，人人都需要管理学。比如我们教师，就需要与时间管理、课程管理、班级管理、信息管理、项目管理、情绪管理、生活管理等打交道。教师如果不掌握这门学问，往往就会靠运气、靠直观、靠过去的经验办事。而有了系统化的管理知识和能力，教师就有可能对工作上存在的问题找到可行的正确的解决方法。

管理大师彼得·德鲁克有句话说："时间是世界上最短缺的资源，除非善加管理，否则一事无成。"其实，管理时间的本质就是如何在常量的时间里提高效率，管理好自己。因此，所谓的"时间管理"就是"效率管理"和"自我管理"。我到很多地方讲课时都爱讲：如果我是师范院校的校长，我将给所有的师范生开设一门"时间管理学"课程。因为，我越来越发现，许多老师根本不懂时间管理，在忙忙碌碌中造成时间的严重浪费，导致原本只要5~7个小时就能办完的事情被稀释到了10个小时，结果工作极其低效甚至无效。

时间会飞翔，而人是驾驶员。谁掌控了自己的时间，谁就掌控了自己的未来！只要你善于时间管理，你的一天将是48小时，而不是24小时。

珍惜时间的第一步是盘点时间，看看自己的时间是如何利用的，有没有出现浪费时间的现象，在单位的时间内效率高不高。不清楚自己时间的利用状况，就谈不上对自己时间的珍惜。只有对自己时间的利用比较清楚，对自己时间的珍惜才可能有效到位。

我们常常羡慕一些名师，但他们也没有生活在真空状态中，照样受着体制的约束。难道他们就没有应试的压力？据我了解，许多名师所在地方的应试压力非常大，尤其是一些高中的名师。同样是在这个体制内，同样都面临着应试的压力，同样每天走路，为什么别人能走向成功而我们却不能呢？

有不少教师认为，名师之所以成为名师，是因为他们可能有高超的智力、钢铁般的意志，每天过着"三更灯火五更鸡"、"头悬梁，锥刺股"、苦行僧般的生活。其实恰恰相反。近些年来，我和不少名师在网上有过交流，发现他们很会享受生活，每天并不比我们辛苦到哪里。

同样是一双手，为什么有的人能有条不紊地处理好各种事情？同样都有24小时，为什么有的人却能将这24个小时当作48小时来使唤，并且在完成工作的同时，还能从容惬意地享受生活？这一切的关键就是时间管理的法则。

有这样一个故事：

> 朋友要在客厅里挂一幅字画，便请邻居来帮忙，字画已经在墙上扶好，正准备砸钉子。邻居说："这样不好，最好钉两个木块，把字画挂在上面。"朋友听从了邻居的意见，让他帮着去找锯子。刚锯了两三下，邻居说："不行，这锯子太钝了，得磨一磨。"于是邻居丢下锯子去找锉刀。锉刀拿来了，他又发现锉刀的柄坏了。为了给锉刀换一个柄，他拿起斧头去树林里寻找小树。就在要砍树时，他发现那把生满铁锈的斧头实在是不能用，必须得磨一下。磨刀石找来后邻居又发现，要磨快那把斧头，必须得用木条把磨刀石固定起来。为此，他又出去找木匠，木匠家有现成的木条。然而，这一走，朋友就再也没有见邻居回来。当然，那幅字画，朋友还是一边一个钉子把它钉在了墙上。第二天朋友再见到邻居的时候是在街上，他正在帮木匠从五金商店里往外搬一台笨重的电锯。

忙者，心亡也。太忙则心死。做任何事情要明确你的目的，不要为了忙而忙，到头来白忙一场。"不识庐山真面目，只缘身在此山中。"现在问问自己为什么而忙，忙并不等于充实，想要过充实的生活是并不需要多忙的——忙是没有效率的人的托词。我们需要给教师减负，但比减负更重要的是提高效率，减少无用功。效率提高了，负担自然就减下来了。很多时候，选择方法和提高效率比努力更重要。选择了一个正确的方法，就会节约时间、提高工作效率。而要想拥有这一能力，只有提高专业化水平这一条路可走。事实上，教师的忙和累，与其说是由工作压力所致，不如说是没有充分专业化的必然结果。教师专业化程度低，必然造成其工作效率的低下，职业与教师个体生命之间必然产生断裂并构成紧张关系。这种紧张关系，正是职业倦怠的根源。

我们要做的事情有很多，如果眉毛胡子一把抓，只会把自己忙得焦头烂额。最聪明的做法，就是把十分有限的时间用在刀刃上，发挥时间的最大功效。帕累托法则（又叫80/20原则）告诉我们：20%的时间可以完成80%的工作，或者完成20%的工作就能达到80%的绩效。所以，我们要通过选择正确的方法，优先做重要的事情，再做次要的事情。优先保证做最重要的事情的时间，就能优先保证做好最重要的工作，从而能够从大局上控制时间的价值。例如，对要做的事情分类，如：A类、B类、C类，A类为自己必做的，B类为请他人代做的事情，C类是不必做的事；A类中又可以分为A1、A2、A3等各种级别。分清事情的轻重缓急，优先做好最重要的事。一次只做一件事情，一个时期只有一个重点，学会抓住重点远离琐碎。

发展自己，不是有没有时间的问题，关键是怎么利用时间的问题。除了上课，难道剩余的不都属于自己的时间吗？如果学会时间管理，在上班期间处理好自己的一切教学事务，那么你的工作就是有序和有效的。如果你一直觉得时间不够而又不去改变安排时间的方式，那么一天再多24小时，对你来说也还是不够的。朱永新老师可以每天抽出两个小时读书学习，我们不会比他更忙，我们也完全可以有时间读书学习，发展自己。无论在哪里，时间都是自己的，关键是如何管理时间，提高效率。

你懂得分工和授权吗？

在管理上，老师大可不必面面俱到，越俎代庖。老师可以将日常的学生事务交由学生自己去管理，充分信任学生，这样可以大大减少老师无谓的时间投入。若老师一人"兼任"生活保姆、警察、文体委员……则往往心力交瘁，事倍功半甚至得不偿失。

对孙国峰老师"一年中最平常的一天的活动记录"，笔者择其一部分斗胆点评一下：

6：20：带领住校学生吃早餐。学校餐厅的粥很好喝，间或与同事聊几句。（每天带领住校学生吃早餐是否有必要？目的和意义何在？为什么不让学生自己去？试想：吃早餐都需要老师天天带领的学生将来如何步入社会？把爱心和时间浪费在这里实在可惜。）

6：40：检查卫生。作为班主任，到班里检查督促。（一看就是保姆型的班主任，为什么不让学生自我管理？老师事必躬亲的精神固然可敬，但分工授权、"垂拱而治"的管理方式更为合理科学。）

13：30：来了部分试题，要帮忙去搬上来，来来回回用了半小时。（这不可能是每天必做的常规工作，也不会是普通老师的职责。必须自己亲自去搬吗？必须马上搬吗？为什么不让学生帮忙？作为班主任，应有意识地培养学生热爱劳动的习惯。）

所以，作为老师，尤其是班主任，要分清哪些工作是可以分工和授权的，该减则减，该丢则丢。孤军奋战的苦与累，想必每一位老师都体会过，但未必每一位老师都能醒悟。其实，老师的许多工作完全可以让几十个学生分担。有人管卫生、有人管做操，有人管字词默写……有多少事情就由多少学生来管，各管一项，负责到底。人人参与管理，同时人人接受管理。管理因时而动，权力彼此制约，而老师退居幕后，处于一个驾驭、服务的位置，充当"仲裁者"的角色，如此管理，老师如何不轻松？老师充分信任学生，积极分工和授权给学生，能够产生如下效果：

1.可以借助学生的力量，完成很琐碎、很累人的杂务，让老师如虎添翼，事半功倍。

2.教师因此而能有充裕的时间处理真正重大的、紧迫的或自己感兴趣的工作。

3.充分挖掘学生事务的育人价值。通过授权给学生，可以锻炼他们的领导能力、沟通交流能力、遇事的应急能力，以学生干部的岗位为平台和载体，促进学生综合素质的提高。

既然优点多多，利人利己，为何中小学教师之中真正授权给学生者少之又少呢？原因在于教师不信任学生，加上害怕失败、出乱子等心理因素，致使他们事必躬亲，总是觉得自己动手比较踏实，而且对自己的能力和精力过于自信，结果是整日"俗务"缠身，搞得自己筋疲力尽，还得不到学生和同事们的理解。在这种情况下，教师是很容易走向职业倦怠的。

实际上，学生潜在的组织能力、管理能力是不可低估的。其实，教师只要对授权问题的若干因素详加考虑，并做好科学和充分的准备即可。

首先，应该对各项工作目标和既定任务，按照轻重缓急，敲定优先完成的内容。

其次，将那些较为琐碎、学生可以办到的任务请学生代为执行，并在学生做这些工作的过程中充当他们的咨询者；而那些重要的、优先的任务则由自己亲自完成。

最后，教师应该知人善任，根据学生的专长和特点，分派给他们适合的任务。在派发任务时，要对工作的性质、范围、目标等有明确的说明，并要求学生有反馈以确认他们已知晓。当每一个学生都以主人翁的姿态与教师协力建设班集体时，教师还会感到累吗？教师的工作一旦"减肥"，教师的精力会更集中，工作目标会更明确，工作效率也会明显提高。即使对属于教师分内的教学事务，教师也不应该一手包办，而应授人以渔，教给学生方法，让学生学会自我学习和自我教育。

你知道"一举两得"的法则吗？

一举两得、一石多鸟，在同一时间内干成多件事，也是提高效率的妙招。

比如：全国名师魏书生老师非常善于"花公家的时间办自己的事"，他把锻炼身体放在课间操时间，与职工和学生一起做操，这样就不用再专门去找锻炼身体的时间，提高了单位时间的利用效率。但在不少学校的课间操时间，我常常看到一些班主任站到学生的队伍后面充当监工的角色，却不知道利用这个时间来锻炼身体。还有小学名师薛瑞萍老师，在学生上自习时，她自己也不闲着，总是拿一本书读，时间久了，反而带动了学生的阅读兴趣。再比如：现在很多学校都有语文早读，但大多数语文老师只知道指导学生背诵，而忽视了这一时间也可以很好地提高自己。多年来，我正是利用这个时间背诵了《论语》《道德经》《唐诗三百首》《宋词三百首》《莎士比亚十四行诗》等，现在正在背诵《古文观止》。总之，这一方式极大地丰厚了我的文学底蕴。

虽然不少学校要求坐班，但没有规定你一天8小时只能上课、备课和改作业。课后坐在办公室里，除去备课，没有人规定我们不能看看教育理论书籍和读读报纸杂志甚至上网搜索教育信息；除去批改作业，没有规定我们不能写班级管理感悟和教学反思。时间从哪里来？关键在自己。发展自己有无时间，完全取决于教师的全部活动是怎么安排的。

你知道用一生来备课吗？

既强调优先重要，又强调长远重要，这是时间管理学的突破性理念，也是现今时间管理学的核心精髓。长远重要法则，把时间管理上升到了战略高度。强调长远重要，即强调做"不急迫却重要而长久的事"。生活中有很多事情，虽然不是眼前最急迫的事情，但是对于长远、大局来说却是意义重大的事情。比如读书，读不读书，眼前看不出有多大差别，但是对于长远来说却极为重要。有些老师常常吝啬于在这类事上花费时间，结果造成教育教学"年年岁岁花相似"，长年没有进步。

乍看起来，读书只会更浪费时间，细细品味，才觉其实不然。每天读书，持之以恒地读书，可以不间断地补充我们知识的大海，提高我们的素质，使我们掌握更多的教育理论和教学方法，从而更好地工作。科学合理的教育方法，最终结果是提高了效率，不仅为自己赢得了时间，同时也为学生赢得了时间。

在《给教师的建议》一书中，苏霍姆林斯基记述了这样一件事：

> 一位有30年教龄的历史老师上了一节公开课，上得非常成功，吸引了所有的听课老师。课后，一位教师对这位历史老师说："您把自己的全部心血都倾注给自己的学生了，您的每一句话都具有极大的感染力。不过，我想请教您：您花了多少时间来备这节课？不止一个小时吧？"那位历史老师说："对这节课，我准备了一辈子。而且，总的来说，对每一节课，我都是用终生的时间来备课的。不过，对这个课题的直接准备，或者说现场准备，只用了大约15分钟。"

其实，终生备课，就是每天不间断地读书，增加我们的底蕴，储备能量。等要用的时候，随时随地信手拈来，不是节省了时间吗？

做教师就是做学问，就是从学问中感受生活的快乐、教育的幸福、人生价值的轻舞飞扬。我非常欣赏一句广告词："平时注入一滴水，难时拥有太平洋。"做教师，就要不断学习，不断充电，广积精神食粮。学生超越教师，是教育的成功，也是教育的希望；然而如果教师太容易被超越，我看则是教育的悲哀。想让学生多读书，教师首先应当多读书，自觉地多读书。一位教师，只有不断地进德修业，把自己的工作和学生的成长结合起来，让自己成为学生的表率，才能得到学生的敬重，才能让学生成为真正的人。然而恰恰在这一问题上出现了令人尴尬的局面。一些教师教了十年二十年的书，教育教学的经验和技能还停留在当年的那个层次和水平上，用当年的技术和思想按现在的要求与质量标准进行教学，难怪很多教师总是抱怨忙、累。

年轻的时候看过不少武侠小说，我知道真正的武林高手随手而来的就是致命的绝招，因为他的内功已修炼到了最高境界。没练好内功，一心想出绝招，出来的都是花拳绣腿。对一个教师来说，读书就是练内功，这个内功不是靠别人给的，而是靠自己修炼出来的。一个教师怎样去修炼这项内功？那就是读书，像苏霍姆林斯基说的："每天不间断地读书，跟书籍结下终生的友谊。潺潺小溪，每日不断，注入思想的大河。读书不是为了应付明天的课，而是出自内心的需要和对知识的渴求。如果你想有更多的空闲时间，不至于把备课变成单调乏味的死抠教科书，那你就要读学术著作。在你所教的那门科学领域里，学校教科书里包含的那点科学基础知识，对你来说只不过是入门的常识。在你的科学知识的大海里，你教给学生的教科书里的那点基础知识，应当只是沧海一粟。"这样修炼，怎能不成为"教林高手"？

你掌握现代信息技术了吗？

一个伐树的工人每天工作10多个小时，可他发现自己的伐树数目却日渐减少。他开始想，一定是自己的工作时间不够长，所以他除了睡觉和吃饭，其他的时间都用来伐树，但他每天伐树的数目反而有减无增。他迷惑了。

一天，他把他的苦恼说给他的主管听，主管看了看他，再看了看他手中的斧头若有所思地说："你是否每天都用这把斧头伐树呢？"工人认真地说："当然啦！这是我从开始伐树工作以来，一直不离手的工具呢！"主管关心地问他："你有没有磨利这把斧头再使用它呢？"工人回答他："我每天勤奋工作，伐树时间都不够用，哪有时间去磨利这把斧头？"

主管接着说："你可知道这就是你伐树数目每天递减的原因？你没有先磨利自己的工具，又如何能提高工作的效率呢？"

在大多数中小学教师的一生中，总有某些时候像这个伐木工人一样，因为过于沉溺于教育教学之中，而忘了应该采取必要的措施使工作更简单、快捷。工欲善其事，必先利其器。在信息时代的今天，只要是有利于提高工作效率的现代工具，都要大胆地采取"拿来主义"，为我所用。一个不能掌握现代信息技术的人，已经成为新时代的另一类文盲。如果我们还停留满足于几本教育杂志和几位同事之间的学习与交流，那已经远远落后于时代。正如许锡良教授所言："现在从不上网的教师，不是好教师。"

常常听到教师抱怨资源匮乏，当地缺少开放的图书馆和购买不到专业的书籍，聆听不到专家和名师的报告……我们真的"资源匮乏"吗？不！这是一个资源极大丰富的时代，你只要拥有先进的"工具"——电脑，轻点鼠标，就会有用不完的珍宝，足不出户就能获取海量信息。想购买专业图书吗？没问题！网店应有尽有，而且价格便宜，还送货上门。想"聆听窗外声音"、与全国同行交流吗？我们可以通过微店、QQ、论坛、博客、微博等多种形式，在网上直接与大师专家对话，与优秀教师交流。总之，掌握现代信息技术能够进一步提升教学的有效性，使工作质量能更上一个台阶！

你懂得"舍与得"的智慧吗？

人在世上活着也就是一舍一得的过程。会活的人，或者说取得成功的人，其实懂得了两个字：舍得。舍得舍得，有舍有得；得中有舍，舍中有得；大舍大得，小舍小得，不舍不得；要得便须舍，有舍才有得。成功的选择，来源于明智的放弃。西方有句谚语：聪明的人知道如何获得自己想要的东西，而真正有智慧的人则知道如何放弃自己并不想要的东西。追求得，是人生的大课程；学会舍，是人生的大智慧。教师在追求"得"的同时，是不是应该扪心自问：我们舍弃了什么？我们准备舍弃什么？

非洲土著人抓狒狒有一绝招，故意让躲在远处的狒狒看见将其喜爱的食物放进一个口小肚大的洞里，等人走远狒狒就去洞里拿食物。但由于洞口太小，它的爪子攥成拳头后就无法抽出来，等到猎人来了它也不会放下食物逃走。只要狒狒撒手，把食物舍掉就能逃走。但是它太贪了，舍不得到手的食物，却把自己的自由甚至生命舍去了。

有时人也是这样。人的一生也是有舍有得，有时候你只有舍去一些才会得到你想要的。这个世界，大多情况下，是鱼与熊掌不可兼得。所有美好的东西都想到手是不可能的！

要学会把握自我，做自己的主人，不做他人和名利的仆人，不要刻意地寻求外在的奖励和肯定。尼采认为，强者有认识的自由，而只有弱者才生活在欺骗之中。真正的强者才能真切体验到人生的意义，从人生的痛苦中发现人生的快乐。

很多情况下，人们之所以会感到压力，乃是因为他们对待周围事物的心态有问题。熙熙攘攘的人群，一为名来，一为利去。追求名利也可以成为前进的动力，但不要为名利所累。当你被名利二字蒙蔽了双眼的时候，便踏上了摇摇欲坠的奈河桥。如果教师对待教育教学过程中的每一件事情都有强烈的"占有欲"，对于每一次的评先进、评职称、评优秀、晋升机会和进修机会等都怀揣"必得之而后快"的心态，那么由此所带来的压力也就可想而知了。

"鱼，我所欲也；熊掌，亦我所欲也。二者不可得兼，舍鱼而取熊掌者也。"有些教师天生个性要强，就是要兼得鱼和熊掌才能满足。实际上这是做不到的。如果一味追求自己做不到的事情，那么不仅没有快乐可言，而且非常容易陷入职业倦怠的泥潭之中；如果选择毅然放弃这个虚幻目标，取得自己真正想要而且可以得到的"熊掌"，而舍弃对自己没有多少价值而又无法兼顾的"鱼"，那么必将会如释重负。教师不要总是怀着羡慕其他行业从业者的目光，要相信"行行出状元"，即使自己不是教师职业中的"状元"，那么教好书，育好人，与几十个活泼、充满朝气的生命体一起体味生活，看着他们健康、快乐地发展着，在轻松自如的潺潺生活流水里，体验着身边的每一股风，每一阵雨，与生活交心，不也是很快乐的事情吗？

我们完全可以不这么忙与累！寻找几缕闲暇，安然坐于湖畔山边，看夕阳落下，看朝阳升起，悠然而飘逸，"宠辱不惊，闲看庭前花开花落；去留无意，漫观天外云卷云舒"。

你知道控制自己的情绪吗？

要学会控制情绪，而不是让情绪来控制你！如果没有积极兴奋的情绪，掌握多少时间的管理法则技巧也无济于事，聪明的教师总是坚持现在就做。当产生了厌倦怠惰的情绪时，你必须及时除掉这些情绪的垃圾，否则时间必遭浪费。

许多教师习惯"等候好情绪"，花费很多时间"进入状态"，请记住：栽第一棵树的最佳时间是20年前，第二个最佳时间就是现在。不能等大环境改善了再去发展自己，而是要努力从能改变的地方去改变。西部有西部的忧伤，东部有东部的无奈，净土永远只在你我打扫过的那片土地！"黑夜给了我黑色的眼睛，我却用它寻找光明"，我们的眼睛是用来寻找生活中的美的。工作上的成功与失败都是正常的，不要给自己套枷锁。我认为现在的教师压力多半来自自己，要允许失败，不可能什么都完美，只要认真去做了，就是成功；心态放松了，自己也就解放了，心理上解放了自己，才能真正提高工作效率。

很多事情都是我们可以选择的，改变一下，结果就会有所不同。会不会为职业倦怠所累，实质上取决于选择一种怎样的生活和工作方式。"你无法防止忧愁的鸟儿从你头顶飞过，但你却能阻止它们在你的头发里筑巢。"其实，发展中最大的障碍不是别人，正是我们自己。

我们来看一个故事：

> 琼斯在一家公司里干了15年，从未被提升过。这时，部里来了一个精明的小伙子，一年后便被提上去了。琼斯很生气，他找到经理，对他说："我干这工作已有16年的经验，可是刚干了一年的新手却爬到我头上了。""很抱歉，琼斯先生。"经理耐心地回答，"但是你并没有16年的经验，你只有一年的经验，只不过您把它用了15年而已。"

这位经理的话发人深省。如果我们年复一年地走老路，岂不就是琼斯先生吗？如果你总是一遍又一遍地复制自我，收获的多半就只是疲惫和焦虑，永远做不成快乐明哲的教师。快乐的前提是明哲。

多年来，我总是劝接触过的教师："想象自己，面对自我。"可是我总看到有一种极其强大的习惯势力引导教师们回避自我，诉诸外因——用环境解释自我，把自己的不发展归因于环境。都是体制惹的祸，都是考试造的孽——教师们特别喜欢沿着这样的思路情绪化地想事情。其实，这是一种自我欺骗。外因当然重要，但是在同样的外因下，为什么有人就和我们不一样？这才是我们应该思考的重点，这才是我们行动的起点。王晓春老师说："10个中小学教师中能有1个人认真地这样思考（10%），教育形式就会大有改观。可惜，目前的比例远没有这么大。"

不少教师总是把自己看成一块泥巴。如果有人问："您怎么这副尊容呀？"

他们往往心安理得地回答："人家就把我捏成这个样子的呀！我有什么办法？"老师啊！不是这样的。只会适应环境，那是动物的特点。我们是人类，我们有主观能动性，有主体性，可以在一定程度上选择自我，设计自我，实现自我，还可以在一定程度上反作用于环境。所以，主体性的缺失，是我国教师心理的最大问题。

如果你是一个做事瞻前顾后、犹豫不决的人，那么最后的结果就是既浪费了时间又加大了工作压力。改掉这个毛病不是一朝一夕的事情，可悲的是有很多人并不知道自己有这种坏习惯。

非常不幸的是，经常有一些人习惯于将自己的工作推给别人。如果你太软弱，没有说"不"的习惯，你将花大量时间去完成别人的工作，这种状况会影响你的心理健康。因为唯唯诺诺的人总是感到愤怒、迷惑、被利用，更糟的是连他们自己也不知道为什么会变成这样。

不要被无聊的人缠住，也不要在不必要的地方逗留太久。我们要有勇气对别人说"不"，对不合理的要求说"不"。不要把前途放在别人的嘴巴里或者眼神里，也不要放在别人是否比自己强上，而要放在自己一点一滴的行动上。我们不能仅仅为别人的评价而活着，而要通过专业发展和成就学生去书写自己的生命轨迹！成就学生的同时也成就自己，精彩学生的同时也精彩自己！

精选朋友。多而无益的朋友是有害的，他们浪费你的时间、金钱、精力和感情，甚至会危及你的事业，要和有时间观念的人来往。

避免争论。无谓的争论不仅影响情绪和人际关系，还会浪费大量时间，往往解决不了问题。说得越多做得越少。

积极休闲。不同的休闲会带来不同的结果。积极的休闲有利于身心的放松、精神的陶冶和人际的交流。

适当休息。在疲劳之前休息片刻，既避免了因过度疲劳导致的超时休息，又可使自己始终保持较好的竞技状态，从而大大提高工作效率。

搁置的哲学。解决不了的问题先记在心里，不要钻牛角尖。

另外，在工作之余要保证充足的睡眠，保证供给自己足够体能的健康食物，保证经常性的户外锻炼，同时增加与家人朋友共度的时光。花时间去休息和享受家庭生活，不但能够消减压力事件的绝对数量，而且可以运用社会支持系统去抵抗已经形成的压力。

你善于利用时间的"边角料"吗？

所谓边角时间就是指别人认为不值得关注但确实可以利用的零散时间。将这些茶前饭后的些许时间串联在一起，是个不小的数字，可能是一小时，甚至更多。人们研究发现，凡是善于学习的人，必定是善于利用边角时间的人；相反，凡是不善于学习的人，往往就是生活中不善于利用时间的人。

边角时间的概念可能是魏书生老师提出来的。一天晚上放学时，魏书生发现全校一起放学，很多同学到车棚去拿车，有的人要往里进，有的人要往外出，这要花不少的时间。于是他就要求自己班级的学生晚五分钟再去推车，在这五分钟里，只要他们背诵一个单词或者一个知识点，学生会受益很多！随着放学的高峰期过去后，他们班的学生很轻松地就把车推出来，并且不会比平时太迟到家！

善于利用边角时间，可以使我们成为时间的富翁。在生活工作中有很多类似这样的时间段：等车、等人、饭前、早读、自习课、下班前、入睡前等，一天当中确有很多这样的时间被我们浪费掉了，如果我们能抓住这些时间，可以做很多事，比如李镇西老师就利用坐飞机的两个小时读完一本书。一天如此，一周呢？一年呢？想想真是不得了，赚大了！换句话说，我们变相地把自己的生命变长了！

另外，也可以从工作方式上挤时间。鲁迅说过：时间就像海绵里的水，你愿去挤，总还是有的。前一段，我在一本杂志上曾看到这样一则小故事，非常能说明问题，拿来与大家分享：

老师在桌子上放了一个装水的罐子，然后装进鹅卵石，问他的学生："这罐子是不是满的？""是！"学生回答道。老师又拿出一袋碎石子，从罐口倒下去，问："这罐子现在是不是满的？"学生沉默。老师又从桌下拿出一袋沙子倒进罐子里，再问学生："这罐子是满的吗？""这下真的是满了。"学生回答。老师又从桌底下拿出一大瓶水，把水倒在了看起来已经填满了的罐子里……

这个故事启示我们：无论工作多忙，行程排得多满，如果要督促一下自己的话，还是可以挤出时间多做许多事情的！例如：上完课后及时写教学后记；要交的计划、总结，立即着手写不要拖延；每天晚饭后挤出看电视的时间阅读半小时；睡觉之前回顾一下今天完成了哪些事情，明天计划要做哪些事情，并记在小本子上……

生活中我们不少老师常常抱怨：忙死了！以为自己就是世界上最忙碌的人，工作安排得好像满满的，殊不知是时间管理的缺失遮住了自己的双眼，被现实世界的"没有时间"一次次地欺骗，许多能做的事情、想做的事情，在这样的欺骗中不了了之。

心动不如行动，行动贵在坚持。不要把心思放在过去或者未来，而要放在今天的行动上。每天挤出一点点，就是领先的开始；每天进步一点点，就是成功的开始；每天创新一点点，就是卓越的开始。

南怀瑾曾有一个学生，是学理科的，凡事都讲究严谨和精确，老师和同学都以为这样的人将一生与风雅无关。有一回，学生听见老师弹古琴，觉得很好，表示他也要学，不过因为时间紧张，每天只能挤出10分钟练习。"真是一个科学怪人！"南怀瑾和其他弟子都笑了。10年之后，所有弟子中，数"科学怪人"的古琴弹得最好。因为10年里，这个学生每天练习10分钟，一分不多，一分不少。南怀瑾长叹：日积月累的功夫伟大到令人敬畏！

细微之处见风范，毫厘之间定乾坤。对于我们每个人而言，每天挤出10分钟应该不成问题，但我们常常不在乎这些边角时间，结果造成与别人发展的时间差越拉越大，而最后只有羡慕别人成功的份儿了！

总之，要在任何一种职业上取得成功，首先都要从自己身上找原因。毕竟，我们最容易也最有效影响的变量就是我们自己。我相信，感觉没有时间发展自己的老师不妨经常思考以上几个问题，那么你一定能找到问题的症结所在，继而寻求到解决问题的"金钥匙"，过上幸福完整的教育生活。

教师需要补点哲学

中国大多数教师是从骨子里轻视理论，尤其轻视哲学的。部分教师认为哲学是空洞的、抽象的、远离实际生活的，很难把它与自己的教育教学联系起来。

在一些教师培训会上，常听到一线教师这样建议："我们不需要大的教育理论，我们只想听一些操作性、针对性强的讲座。"这样的建议从一个侧面反映了一线教师对教育哲学的漠然。

哲学给我们的教育提供内在依据，本质上是人对自身思想和实践的反思。哲学就其最基本的意义而言，就是拯救日常生活，关注社会，教化人心。对哲学的学习并不是要我们成为思想者，成为哲人，但它确实可以培养我们对生活审慎的智慧，能够提供有价值的视角帮助我们更好地思考世俗生活，使我们对人的存在与我们周遭的世界有更开阔的视野和更深刻的洞察力，提高我们在世俗生活中的主体意识与应对复杂生活的能力。

新课程改革中，一些教师的不适应从根本上说是教师教育哲学的缺失。他们没有自己的教育信仰，不能形成自己的教育"深层建构"，而只注重行为模式的改进，把新的教育理念降格为支离破碎的教条或规则。

哲学教给我们教师什么功夫呢？分析教育的概念、命题、口号，澄清教育的价值观念，反思自己的价值立场，最终的目的是使我们成为一个成熟的教育者。哲学帮助我们去思考我们究竟在做什么，我们教育行为的意义何在，从而努力对我们自身的所作所为进行理性的说明与辩护，以便使个人与群体的活动具有一致性。教育哲学的学习就是提高教育实践的内在精神，让我们的教育实践充满意义，创造性地实现教育的预期目标。

教育是什么？教育是一种思想和情感的传递与开启。教学是什么？教学不只是知识和技能的传授，更是一种个性与兴趣的形成和发展。教育和教学都是一种需要哲学和个性的心智活动。

教育生活的生动和实际，使得教师首先甚至唯一关注的是教育的"方法和技术"，并不问津其背后的思想基础。教师如果只关注"方法和技术"，很容易走上一条"匠技"的道路。教育家和教书匠的最大区别就在于：前者有自己的教育哲学，有自己鲜明的教学个性，并能按照自己的思想去实践，去影响学生；而后者没有思想，总是按照别人的思想去机械地模仿，去简单地重复。

实际上，任何领域的高境界实践者，都不会醉心于纯粹的"方法和技术"。他们会寻求具体实践领域的灵魂性的东西，把握住了实践的灵魂，就是实践的主人，否则，就只是实践的奴隶。一个不懂哲学的教师，可以成为一个好的教书匠，但不可能成为教育家。美国教育哲学家乔治·F.奈勒曾说过："那些不运用哲学去思考问题的教育工作者必然是肤浅的。一个肤浅的教育工作者，可能是好的教育工作者，也可能是坏的教育工作者——但是，好也好得有限，而坏则每况愈下。"

贺麟先生告诉我们：轻视哲学的结果就是重视经验、迷信经验。所以中国的一些教育实践常常陷入经验主义的传统里边去。不信，你看看近些年的基础教育改革，只要哪个地方创造出一个新的经验，学习者就蜂拥而至，回来后就照搬、照抄，可是实践表明这样做的没有几个成功。

一位名师的观摩课上有这样一个提问："你最喜欢读哪一段或哪一句？"马上就有些教师把它搬到自己的课堂上，既不管自己的教学内容，也不管班级的实际情况。时间一长才发现它并不是什么"神兵利器"，于是就把这一经验给抛弃了。

为什么会出现这样的结果呢？因为经验本身有局限性、地域性、个人性。学习别人的经验必须用哲学的眼光去分析，把别人的经验上升到理性的高度，学实质抓本质。

教师要把自己的职业关注从日常琐事转向对教育理念的反思和梳理、对"内隐理论"的审视和重构，从而形成自己的教育哲学和哲学头脑。"什么是教育""教育要培养什么样的人""教师需要什么样的教育信仰"，这些最本质的问题是一线教师最需要追问和反思的。这些思考均具有让教育者脱胎换骨的潜质。如果对这些问题是生疏的，那么教育实践就是盲目的。

精彩都是逼出来的

有一位书法爱好者经常用废报纸习字，虽然勤学苦练，但进步甚微，他百思不得其解，就去请教一位著名的书法家。那位书法家说："如果你用最好的纸来写，你可能会写得更好。"那人很奇怪地问为什么，书法家笑而不答，只写了一个"逼"字，那人顿悟，这是让他惜纸如金，强逼自己写好每一个字。后来，这位书法爱好者果然成为著名的书法家。

人生的进阶，有时候竟是一个"逼"字了得。"逼"字，是长了脚的"一口田"。"一口田"旁边有神的保佑，就是"福"。"一口田"上面加个屋顶，表示有房有田，就是"富"。一切成功皆与"逼"字有缘。教师只有敢于"逼"自己、善于"逼"自己，才能超越自己、走向成功。

有这样一则外国谚语：如果你想翻墙，那么请先把你的帽子扔过去。意思是说，当你想翻过一道很高很高的墙，你把帽子扔过去了，这样就会想方设法翻过去。因为你的帽子在那边，你已经别无选择了。正如某人对一条平常绝不敢跳的深沟，竟然能一跃而过，那是因为后面有野兽紧紧相逼。

综观国内外教育名家的成长历程，我们不难发现：他们不仅"逼"自己专心于每天的日常教学事务，细心观察与思考教育教学中的问题，认真阅读教育教学理论专著，同时还"逼"自己把所思、所得写出来与同行探讨，再兼收并蓄同行与读者的不同观点，逐步完善并形成自己的一套教育理论。

虽然每个教师都成为教育名家是不可能的，但若是我们"逼"自己养成"读书、实践、反思和写作"的习惯，则能有效地改变行走方式，实现教师专业发展的提速，成为教育专家则是容易达成的。

想成就一番事业，没有持之以恒的精神是不行的。"干不好""没时间"，其实多为懒惰的遁词，因为人太容易做懒惰的俘虏了。仔细分析一下身边的教师，我们非常遗憾地发现：不少教师身上还潜伏着根深蒂固的惰性，常常安于现状，贪于安逸，不思进取，无为度日，自己迁就自己，自己糊弄自己。尤其是取得中高级职称以后，更是故步自封，不读书、不思考，更不愿反思、总结与写作，于是不足之处难以修正，对新方式、新理念的理解与接受变得越来越迟钝，甚至抵触，其教育教学水平停滞不前，几十年如一日，平庸的职业生涯造就了一个个传统意义上的"教书匠"。

想成功，先发疯，认准方向往前冲！我们要根除这一顽疾，灵丹妙药便是一个"逼"字。其实，每个教师的潜能都是无穷的。从某种意义上讲，一个人的生命质量和事业成就都是"逼"出来的。

作为教师，有"他逼"（外部环境和他人逼自己）是一种幸运，要敢于喊出"爱我，就逼我吧"！而"自逼"则是一种大智慧和大境界，逼一逼自己，你会发现自己身上竟蕴藏着丰富的潜力；逼一逼自己，你会发现自己也会创造许多意想不到的奇迹。

成功的钥匙藏在寂寞的口袋里。对于那些成功人士，人们总是惊叹于他们夺目的光环，却很少看到他们成功之前在默默地逼自己。这正如冰心的小诗《成功的花》所表达的：

> 成功的花，
> 人们只惊羡她现时的明艳！
> 然而当初她的芽儿，
> 浸透了奋斗的泪泉，
> 洒遍了牺牲的血雨。

人生无常，最重要的不是你所处的位置，而是你所朝的方向。命运给你一个比别人低的起点是想告诉你，让你用你的一生去奋斗出一个绝地反击的故事。

我们一辈子可以不登山，但心中必须有一个山头。人生若没有一段想起来就热泪盈眶的奋斗史，那这一生就算白活了！

美国富尔顿学院心理学系的学者们说："编撰20世纪历史时可以这样写：我们最大的悲剧不是恐怖的地震，不是连年的战争，甚至不是原子弹投向日本广岛，而是千千万万的人生活着然后死去，却从未意识到存在于他们身上的巨大潜能。"

成功路上从来都不拥挤，因为坚持到最后的人不多；失败的道路上才拥挤，因为停下来退出来的有千军万马。老师啊，珍惜一个"逼"字吧！精彩都是逼出来的，奇迹都是拼出来的！退一步，山穷水尽；逼一逼，柳暗花明。

阅读，就是精神远游

没有一艘船能像一本书，
也没有一匹骏马能像
一页跳动的诗行那样——
把人带向远方。

这条路最穷的人也能走，
不必为通行税伤神。
这是何等节俭的车，
承载着人的灵魂。
——[美国]狄金森《没有一艘船能像一本书》

生命中最重要的投资是自己，最值得自己投资的是学习。

如果说天使就是传播福音的使者，那么书籍就是天使为人类准备的"不必为通行税伤神"的"节俭的车"，承载着我们的灵魂到达理想的彼岸。

阅读是生命的加油站，也是精神的洗车行。我始终认为，教育是从阅读开始的，孩子也只有在书香中成长，精神才不会残疾。读书，就好比在天使的引领下不断寻找精神的伊甸园。按照王小波的说法：除开今生今世之外，他还拥有一个更加诗意的世界。它是松间明月和石上清泉的朗照与静默；它是天地空旷我独行的惬意与自在；它是一千朵郁金香正在隐秘盛开。

不做庸师

生命因阅读而美丽。通向未来的路，不是回家的路，人应该诗意地栖息在大地上。其实从某种意义上来说，比经济贫困更可怕的是知识贫困和思想贫困。帕斯卡说：思想形成人的伟大，人的全部的尊严就在于思想，人只不过是一根会思想的苇草。在思想的密林中，与大师的精神会餐是我们精神远游的最大理由，它会使我们深刻地体会到厚实的生命哲思，也会使我们的精神变得美丽而丰盈。

"真正的阅读必须有灵魂的参与。"阅读必须有一种虔诚老实的态度，不耍滑，不偷懒，相信书籍的力量（但不神化、迷信书籍的力量）。每天与书结伴，端坐桌前，怀着一颗虔诚的心，穿透时空，读《诗经》，读《论语》，读唐诗，读宋词，读安徒生，读莎士比亚，读罗曼·罗兰……在不断的充电中保持着思维的活跃、灵魂的清新，就像一条小河流向大海。

温家宝同志写过一首名为《仰望星空》的诗，其中有这样一句令人记忆犹新："我仰望星空，它是那样庄严而圣洁；那凛然的正义，让我充满热爱、感到敬畏。"一切流俗现象不是因为经济的贫穷，而是精神家园的贫弱、先天性文化不足所导致的。我必须通过虔诚的认真的阅读，以巨大的勇气和毅力进行艰苦卓绝的抗拒与完善，让自己拥有可仰望的精神星空。

阅读要博。单靠精致的点心和维生素来养生，肯定是健壮不起来的。如果每天不能鲸吞几万字的话，知识是很难丰富起来的。"书能把我们托得多高，取决于我们触摸过多少文字；书能把我们带到多远，取决于我们品味过多少书香。"

阅读要深。对于经典，必须像牛反刍一样反复研读，这样才能很好地消化吸收。我相信：走马观花式的阅读不会得到书中的精髓。所以，我认为，读书不能盲目地追求数量，而更应该追求质量。

阅读要精。人的时间和生命是有限的，读书要有方向、有目标、有计划、有选择。精读经典是读书最大的经济学。要注意精读的"聚焦原则"，当一个人把注意力集中到一个焦点上时，那就能做出连他自己也会感到吃惊的事情来。如果瞄上几位大师的经典作品，潜心研究，深入思考，就能以一当十、以一当百甚至以一当千，你就等于坐上了提升自己精神境界的直升机。

阅读要思。书籍只是智慧的载体，而不是智慧的全部。只有经过思考的阅读，才是真正有效的阅读；只有经过思考的阅读，才能把别人的思想玫瑰移到自己的精神园地，进而开出自己绚丽的思想玫瑰。德国哲学家叔本华曾说：世上读书的人很多，但大多数都是在咀嚼别人的思想，一辈子活在别人的思想当中，真正具有清醒、独到判断力的没有几个，庸众就是这样形成的。读书在于读自己，发现别人的同时，也发现自己精神的家园。不管是轻松的随心阅读，还是苦涩的磨脑子的阅读，我们都应该提醒自己注重心灵的舒展与自由，注重灵性的提升与生命质量的提高。人最怕的就是"心为形役"，我想在读书的问题上，我们也要避免"心为书役"。一个人如果丢掉了自己，那读再多的书又能有什么用呢？作为一个独立的个体，我们不该自负，但也不能成为被人牵着走的动物，只有学会独立阅读与思考，才能支撑起赖以自由呼吸和直立行走的"脊骨"，生命的旅程才会更加精彩。

写作是一种更高级的学习

　　写作是一种更高级的学习和生活方式。坚持写作是为了促使自己多读多学，深入思考，充实和提升自己，与发表不发表无多大关系，也与功利目的相去甚远，因为它已经成为我的一种生活方式。写作的过程就是学习的过程，常常是自己准备把思考形成文字时，才发现脑子里储备的某一方面的素材很少，于是停下来，狂搜与主题相关的书籍和资料。先是在网上一阵搜索，继而在书柜里一阵翻阅，更多的是跑往市区各大书店，然后再有重点地反复研读。只有大脑感到充盈时，才觉得写出来的文字有"专业"的分量和思想的芳香。

　　对照自己，我大致测算了一下，写作一千字的文章，常常要阅读两万字以上的相关材料。如果说阅读与写作分别是输入与输出的话，那么至少二十份的输入才能换得一份输出。朱光潜先生曾谈到他写作《西方美学史》时一边学习一边写作，到底读了多少书，记了多少笔记，连他自己也记不清了。总之，写作强迫他更广泛、更深入、更系统地钻研了西方美学历史，最终才有了他的巨著的问世。

　　培根说："写作使人精确。"写作是非常有效的认知深加工的过程。当你决定把某一问题写成文章之前，你的思考和认识可能是一星半点或者是肤浅的，而写作会迫使你深入学习，对这一问题作深入而彻底的思考，丰富你的认识，还会帮你梳理思绪，使这一个问题在你的头脑里变得更加有条理。

　　叶圣陶先生说：阅读是吸收，写作是倾吐，倾吐能否合乎于法度，显然与吸收有密切的联系。一个人写作的高度或深度，反映的是他平时对阅读的态度和对业余时间的利用程度，也可以说是平时学习的高度或深度。在物欲社会的诱惑和浮躁心态的干扰下，不读诗书、少读诗书和饱读诗书的人，在写作档次上是不可同日而语的。真正的写作爱好者，不会满足于碎片化阅读，泛泛浏览，他们总是沉迷于经典，总是睁大看世界的眼睛，总是审视身边的事与物，总是凝集点滴心灵的感悟，直至最后汇成思想的洪流。

每一个有追求的教师要想提升工作的质量、思考的深度和生命的价值，就不能轻视读和写。读，然后写，写然后知读之不足，再读。

美国学者查尔斯·布考斯说得好："写作是最终的精神病医生，是所有上帝中最慈善的上帝。"写作，表面看来，只是随时随地把所思、所想、所感记录下来，但某种意义上，它确实是一种更高级的学习。同时，写作的过程也是在书写自己的人生历史和生命传奇的过程。

写作，这种更高级的学习，希望也能成为你的习惯和生活方式。

肖川教授曾说过："造就教师书卷气的有效途径，除了读书，大概就是写作了。写作最能体现一个人的综合素质。"

文字是开在纸上看得见的心灵之花，写作的过程就是心灵花开的过程。几个字组合在一起构成了一句话，几句话组合在一起构成一个段落，几个段落组合在一起构成一个章节……当这涓涓细流汇聚成海，海纳百川的你，怎能不"笑傲江湖"？

专业写作：教师成长的快车道

教师成长，要行动，要思考，更要专业写作。近年来，"行动研究""叙事研究"成为比较时尚的教育科研词汇。其实，这些"研究"都是反思自己的实践、以专业写作为载体的研究。

专业写作，表面看来，只是教师随时随地把所思、所想、所感记录下来，其实是教师在书写自己的历史。我认为：一名优秀的教师要会表达自己，而写作是表达自己的最佳方式之一。

如果说反思是教育科研的本质，那么专业写作则是一名普通教师成长为名师的有效途径。像李镇西等无数优秀教师的成长已经证明了这一点，我坚信更多正在成长的教师也将继续证明这一点。因为专业写作不仅仅是单纯的写作，它必然伴随着实践、阅读与思考。它与实践相随，与阅读同行，与思考为伴。实践是它的源泉，阅读是它的基础，思考是它的灵魂。可以这么说，阅读和实践滋养教师的底气，思考带来教师的灵气，而写作造就教师的名气。要想当名师，提高自己的知名度，就必须进行专业写作，正如一位网友所说："文章走多远，人就走多远。"

我认为，教师的专业写作有两个特点：

第一是"专业性"，即它是"面向教育事实本身"的写作，应该把它看作自己教育生涯的一部分，整个过程应该是写作磨砺、专业发展、教育生命对话的过程。这里需要指出的是，一些教师特别是语文教师热衷于文学创作，而对于"面向教育事实本身"并无多大兴趣。文学创作这种非专业写作对教师的专业成长不能说没有意义，但一个优秀的小说家或诗人未必是一个优秀的教师，这也是事实。所以，我们更提倡老师"面向教育事实本身"来记录自己的阅读、观察、行动和反思，通过这些来改进自己的教育观念和教育实践。专业写作，虽然改变不了世界，但可以改变你的发展状态和课堂磁场，甚至改变你的生命属性。

第二是"日常性"，即教师把写作当作自己的需要并养成习惯，通过每一天的写作点点滴滴地积累教育心得，而不是为了应付检查才写的计划、总结和论文。它原汁原味地保留着鲜活的气息，似心灵的泉水汩汩地流淌出来。作为一线教师，可以说每天都有或多或少、或深或浅而且又极其生动珍贵的特有的实践和感受。上完一堂课，或看完一篇文章，或参加了一次教研活动，甚至听同行、专家、领导的某一句话，都应该随时把自己的思考用笔记下来。否则，这些"活"的、"细小"的、或许有重大研究意义和价值的"思想材料"就会稍纵即逝，实在可惜。实际上，写作是一个厚积薄发的过程。只有勤于拿起笔来积累，才会越积越厚；只有勤于拿起笔来思考，才能全身心地贯注于文章的写作之中。拿起笔，虽然只是一个小小的动作，却促使写作者慢慢地摒弃外在的浮华和自己内心的浮躁，同时也促使思维和情感迅速进入自由、灵动和生发的积极状态。伟大的教育家苏霍姆林斯基正是三十多年如一日地坚持写教育日记，才使他的著作被后人称为"活的教育学""教育百科全书"。所以苏霍姆林斯基建议："每一位教师都来写教育日记，写随笔和记录。这些记录是思考及创作的源泉，是无价之宝，是你搞教科研的丰富材料及实践基础。"

教师的专业写作需要的不是超人的智慧，不是华丽的辞藻，而是坚强的毅力。思想和灵感是上苍恩赐给我们的智慧火星儿，不记录下来，它很快就会熄灭的。而坚持记下来，则会让一颗火星儿点燃另一颗火星儿，慢慢形成燎原之势。"没时间""写不出来"，其实多为懒惰的遁词。治懒唯有用"逼"，因为一切成功皆与"逼"字有缘。虽然写作的最佳状态是追求文思泉涌，但是，有些时候"挤牙膏"也不失为一种写作方式。文思泉涌的状态，可能时常出现，但是却不能恒常保持。敢于"逼"，善于"逼"，我们才能超越自己。大作家果戈理曾经说过："如果有一天没有写，怎么办？没关系。拿起笔来，写'今天不知什么原因我没有写'。'今天不知什么原因我没有写',把这句话一遍一遍地写下去,直到写得厌烦了,你就要写作了。"这种苦苦的自逼,更包含有自警、自责和自励。这种"与自己较劲""与自己过不去"的行为和精神,正促使那些暗淡的、困惑的、慵懒的思维和情感渐次被激活。这种非要写下去不可的执着,才能使平时积累的那些零碎的、彼此孤立的、缺乏活力的写作材料在脑中明晰,在笔下生彩。小小的笔改变不了世界,却能改变我们自己和我们的课堂。

总之,专业写作能够激发老师的职业热情,让教师享受到教育的幸福;专业写作能够激发老师的潜力和内驱力,让教师不再是被动的发展;专业写作能够有效改变教师的行走方式,让教师步入成长的快车道,有效实现教师专业发展的提速。

教育叙事不能迷失在"浪漫"的绘制中

教育叙事的兴起，应该说是我国中小学教育研究在方法论上的一种进步，但近几年公开发表的教育叙事，明显地迷失在"浪漫"的绘制中。在这类教育叙事中，选择的学生一般都是冷色调的，不是学习和道德的落伍者，就是身体或家庭的不幸者；而教育者一般都扮演着妙手回春、救苦救难的使者的角色。在教育叙事中，师爱被异化成了一剂"通药"，能治百病，并且"爱"到病除。学生不做作业，偶尔还逃学，"我"送一个笔记本给他，他就被感化了，从此他就愿意做作业了；学生病了，"我"为他买药看病补课，康复后，学生在学习上就有了突飞猛进的变化；学生父母离异了，行为向"恶"的方向发展，"我"和他谈了一次心，或为他过了一次生日，学生就一心扑在学习上了……这些看上去像神话一样奇妙的事件一次次被写到教育叙事中来，故事环节一般都安排得丝丝入扣，逻辑上也无懈可击，虽然我对这些老师有一种发自内心的感动，但我还是不能不说：这些教育叙事能拿到实践中检验吗？这简直把教育简单化得可笑。

教育需要爱心是毋庸置疑的，但"爱心不是万能的"更毋庸置疑。我们不能浮躁地把爱当成菩萨来敬奉，当成广告来招摇，甚至当成矛和盾来使用。

教育学者王晓春说过这么一段话："对现在教育界流行的所谓'师爱'，我过去曾经这样评论：我们的教育越来越缺少阳刚之气了，它紧步家庭教育的后尘，正在变成一种软绵绵、黏糊糊的薄片状的东西，一点都不丰满，一点都不'大气'。婆婆似的规则，保姆型的保护，警察式的管束，唠唠叨叨的说教，掰开揉碎的讲解，喂奶喂饭式的灌输，充斥着教坛。到处都在谈师爱，几乎人人都在讲说爱的神奇力量。爱的颂歌如雷贯耳，响彻云霄，几乎成了噪音。"

唯物辩证法告诉我们，内因是事物发展的依据，外因是事物发展的条件，外因通过内因而起作用。把这个理论应用到教育叙事上，教师的"爱心"只是学生转化和发展的外因，片面地夸大它，无疑犯了形而上学的错误。负责任的教师应该具备高尚的师德，但绝不能毫无上限地拔高师德的作用。把师爱当成转化学生的救命稻草，从开始解决问题时就把方向弄错了！比如说，医生面对重症病人，仅有高尚的医德，能使病人起死回生吗？医德很重要，但更重要的还是医术！明晰了这层关系，再来看待如何转化学生，我们就会理智得多。

决定教育的因素是非常复杂繁多的。有宏观方面的，也有微观方面的；有客观的，也有主观的；有观念性的，也有制度性的；等等。但对于中国中小学教师而言，目前最为缺乏的不是这类浪漫的叙事，而是理性的分析方法、专业的教育技巧和高超的教育智慧。

故笔者认为：在教育叙事上我们应走出浪漫的"爱心传奇"，接近真实的"教育田野"，多一点技巧和智慧，少一点浪漫和说教；多一点寂寞和冷静，少一点急躁和盲从。

突围：以思考的姿态前行

人因为思想而伟大

"如果整个法国文学只能让我选择一部书留下,我还是会毫不犹豫地选择留下《思想录》,它是一个崇高的纯粹法国天才的标本。"法国维克多·吉罗的这句话一直在我耳边回荡。于是,我的2008年暑期"精神远游"的第一站就敲定为帕斯卡的《思想录》。

走进帕斯卡的《思想录》才发现,它真的不愧为"欧洲近代三大经典哲理散文"之一。帕斯卡以其论战的锋芒、思想的深邃以及文笔的流畅,一次次将我的灵魂甜蜜地击倒。在他摇曳的思想芦苇后,我分明看到深邃而辽阔的思想海洋,恣肆狂涛之后常常淹没了我"静坐参拜的蒲团"。

这个体弱多病仅仅活了39岁的天才真的是一位思想斗士,既继承和发扬了理性主义的传统,毫不妥协地说出世间的一切,以理性来批判一切;同时又指出理性本身的内在矛盾,并以其特有的揭示矛盾的方法,反复阐述了人在无限大与无限小两个极限之间的对立背反,论证了人既崇高伟大又十分软弱无力的这一悖论。他向我们指明"人因思想而伟大"的事实,说出了我们虽有感悟但永远也说不出的话:

"我们的全部尊严就在于思想。我们必须通过思想而不是通过我们无法填充的时空来提升自己。""人只不过是一根芦苇,是自然界最脆弱的东西;但他是一根能思想的芦苇。""我很容易就能想象出一个人没有手、没有脚、没有头(因为只是经验才教导我们说,头比脚更为必要)。

然而，我无法想象人没有思想：那就成了一块顽石或者一头畜生了。"

在《思想录》里，他就是一根最有尊严的芦苇。

> 人显然是因为思想而生的，人的全部优点仅在于此，人的全部责任也在于按恰当的方式思想。但世人在思考什么呢？是跳舞、吹笛、唱歌、作诗、铃响了就赛跑，还有打斗，让自己当国王，根本不想想当国王是怎么一回事，当普通人又是怎么一回事。

然而，三百多年后，他忧虑的这一切有什么重大的改变吗？我们不得不遗憾地告诉他：没有！我们这些芸芸众生不只是一些脆弱的芦苇，我们更是一些平庸的芦苇，是深深地沉湎于世俗的芦苇，湿漉漉的叶片坠满了简单而低层次的欲望，满足于人生表面的光怪陆离和虚荣浮华。放眼望去，我们这个世界，有独立思想的人太少了，而人云亦云、随风倒的钻营投机分子则总是层出不穷。

读完这本书，我越发觉得：思想是一个人的灵魂，正是思想使我们有别于其他动物并持有一份尊严。一个人如果没有带着思想去生活，那么，它只能是活着，而不是生活，更不可能有富有意义的人生。

作为教师，更应成为"一根能思想的芦苇"。"北大的良心"钱理群教授认为：理想的教师应该是思想者！一个教师是不是思想者，他引用湖北一名乡村教师的7个问题，看得我浑身冒汗，一下子"榨出我皮袍下面的'小'来"：

1. 你对这个生活的世界有没有自己独立的认识？
2. 你有自己的信念吗？你能感受到自己信念背后的生命气息吗？
3. 你有不同于他人的教育观吗？
4. 你反思和追问过自己的知识观吗？
5. 你有没有想过自己应该有一种什么样的语言和严肃姿态出现在学生面前？
6. 我们都说教师是启蒙者，你思考过启蒙吗？什么叫启蒙？你追求什么样的启蒙？
7. 作为一个教师，你有艺术判断力和艺术审美力吗？

《功夫熊猫》与"因材施教"

电影《功夫熊猫》中的浣熊师傅用全身心的爱造就了太郎,用严厉和苛刻造就了勇猛五将,然而面对熊猫阿宝却一筹莫展。阿宝除对功夫有着满腔热情并希望成为功夫大师的"不现实"梦想之外,没有任何从事"功夫"这个事业的资质上的优势,体型太胖、自制力差、好吃、嬉皮笑脸,而且他没有任何的功夫底子,不会一字步也不会跳高。用一般的教育眼光来看,阿宝是"朽木不可雕也",永远不可能成为武士。

但善于观察的浣熊师傅发现,阿宝天性贪吃,为了一块桃酥,他竟能跳上高空且能在空中做出标准的一字步姿势。于是浣熊师傅找到了训练阿宝的"绝招"——用吃的东西诱惑或鼓励阿宝。而阿宝这种对吃的本能热爱使他迸发出内在的潜能和创造力,从而出色地完成了拯救和平谷的使命,并成为新的一代功夫宗师。

看完影片后我得出一个结论:最大限度地因材施教,是教育成功的先决条件。我相信:每个人都是天才,在某一方面都有很强的潜力,但只有适当的方法才能把它激发出来。苏霍姆林斯基曾说:"世界上没有才能的人是没有的。问题在于教育者要去发现每一位学生的禀赋、兴趣、爱好和特长,为他们的表现和发展提供充分的条件和正确引导。"我认为这也是庸师和人师的区别所在。试想一下,如果浣熊师傅削足适履,一味地按照教科书循规蹈矩地教育阿宝,那么阿宝简直不是练武的材料,更别说成为英雄式的人物。如果浣熊师傅一味地指责阿宝的种种不足,比如体型太胖、自制力差、贪吃等,又怎么能够发挥出阿宝的巨大潜能呢？

但在我们的课堂上，很多教师不相信学生的发展潜力，习惯于采取"一刀切"的教学方式，习惯于将学生划分成三六九等，那么是不是"差生"就永远"差"下去？显然不是！阿宝的成长经历告诉我们，每个个体都有着无穷的发展潜力，没什么功夫的阿宝也能被培养成最伟大的战士。看来，没有学生天生是"差生"，只要我们能尽心去培养，"差生"也一定能够成才。

陶行知曾说："培养教育人和种花木一样，首先要认识花木的特点，区别不同情况给以施肥、浇水和培养教育。"一些老师常常抱怨学生身上有着这样或那样的缺点，但如果学生都是完美的人，那么学校与老师也就没有存在的必要了。换一种眼光看，世上事本没有绝对的好坏，缺点也是可以利用的资源，适时引导，顺势而为，也会收到意想不到的教育效果。聪明的老师从浣熊师傅对阿宝的"无招胜有招"的因材施教中，应该受些启发吧！所以，我们不能动不动就责怪学生资质差、没有天分。面对一个与众不同的学生，面对一个很有潜力的学生，扪心自问一下：我们真的努力去寻找适合他的教育方法了吗？

| 不 做 庸 师 |

从"王小丫高考数学仅得20分"说起

央视名嘴王小丫在《天下女人》节目中透露：第一次高考，她的数学仅得20分。王小丫说："学生时代，我非常不自信。我学习特别偏科，语文成绩不错，但数学从初三开始就没及格过。"王小丫坦言，高考时，她特别痛苦，那个拿着成绩单的老师一个劲地说："这孩子完了，毁了。"原来，当时她数学才考了20分，差一点就拿了"鸭蛋"。第二年她又参加高考，虽然妈妈为她找了很好的数学老师做家教，仍不管用，还是不及格。这一痛苦经历使她不堪回首。

应当说像王小丫这样的偏科生成才的不是第一例。远的不说，当年臧克家、钱钟书和吴晗考大学时数学更是考了0分。对比今天门门优秀的状元，他们绝对都是高考的失败者。但他们中一个成为著名的诗人，两个成了著名的国学大家，而反观当年入学考试成绩远远高于他们的一些人，很多却是悄无声息。

我发现，世界上没有一人是不偏科的，凡成功者无不是在某方面表现出色的人。我不知道偏科有什么不好，但我们却经常干让兔子去学游泳的傻事。我们忘了兔子根本不是学游泳的料，即使再刻苦，它也不会成为游泳能手；相反，如果训练得法，它也许会成为跑步冠军。

由于我们求全责备，要求学生十全十美，却往往适得其反，事与愿违，学生越来越笨拙，越来越跟不上班，成为书呆子或者考试的机器。学生越来越惧学、厌学甚至辍学，学得不专不精。

我们应该把眼光放长远一点，为将来的事业发展做准备，远远不是考试得高分那么简单。学习成绩好，不等于智能高，更不等于将来事业成功。相反，如果过分强调学习成绩，可能反而不利于学生的身心发展，削弱他们将来的竞争力。

| 不 做 庸 师 |

破解"模式崇拜"情结

现在是百"模"争鸣、百"模"齐放的时代,各种各样的教学模式粉墨登场,数不胜数,如旋风般把原本应该和风细雨的基础教育课堂吹得纷纷扬扬。有人统计,自"模式"舶来以后,我国各学段、各学科、各地区总计已有不下千种模式见诸各种文献,其数量远远超过了美国的二十多种。近年来,一些"模式创立者"的学校整天门庭若市,全国各地的学校纷纷前来学习,回去推广;一些没有自己模式的学校急于推广所谓的先进模式,或急于自立门户创立自己的模式。这不能不说是中国当下基础教育的一个怪象。

教育没有神话!可是我们有些同人还就相信有神话。像山东和江苏的一些新名校,大家都趋之若鹜,媒体也连篇累牍地报道,让人感觉好像回到"大跃进"时代,又开始搞"计划经济"的大一统了。

一个校长说:"我们学校是县里最好的小学,教育局要求我们学校尽快创立一种教学模式,好让其他学校来学习推广。"可怕的是,这不是个别现象,在一些地方,整个学校、整个区、整个市都推行某一种教学模式,且这种旋风有越刮越猛之势。

模式本身无错,但我认为,模式只是参照,模式永远在变,模式只需最适合的,模式并非唯一。但如果把模式当作所有的依托和希望,对模式的崇拜情结不断,那么我们的教学必将被模式化,我们的教育将面临新的危险境地。无论是教育还是其他行业,无不如此。

为什么那么多地方和学校有"模式崇拜"情结呢?分析起来,大概有以下几个方面的原因：

第一，建构的简单。模式建构是教学研究中的短平快项目，起点低，成本低，条件要求低，校校可以上马。一些地方和学校建构一种新教学模式的基本步骤往往是这样的：先找几种教育理论作为依据，再从新课改文件中找几个时髦的名词，参考当今走红的名校教学模式，依葫芦画瓢，搞几个环节，起一个不错的名字，一种模式就这样诞生了。这样建构起来的模式一旦推广是非常可怕的，它会使教师的教研能力严重弱化，养成思维的惰性，人为地把教学简单化，因为现成的模式就在那里，不需要动脑子，永久使用就行了。教师的学习能力、教研能力就在这种"模式化"的背景下被一点点地磨灭了。

第二，教育的浮躁。学校不在真空中，它就处在这个浮躁的社会里，自然也就变得浮躁。于是，一些地方和学校只看重能迅速带来效益的模式和分数，"十年树木，百年树人"的古训被抛到脑后，"模式崇拜"持续发烧也就不足为奇了。当下的很多教学模式都是以课改之名而来的，声称真正找到了课改的方向，把一种教学模式推广到所有学科。其实这些是与课改精神背道而驰的，是适应应试环境的知识本位的教学模式，无非是凯洛夫"五环节教学法"披上新课改外衣的翻版和变种。很多模式只是在"怎么教"的问题上细化操作步骤，没有从"课程"的角度、从学生终身发展的角度考虑问题。我始终认为一项充满创造性的活动不存在"以不变应万变"的"灵丹妙药"，也根本没有放之四海而皆准的模式，教学应该因人、因事、因时、因地而异，怎么能用一种"模式"去应付千变万化的课堂呢？著名语文教育专家于漪在2009年年底的一次教育会议上曾痛心疾首地说："大家用一个模式，会出现什么状况呢？标准化的教师。教师标准化就无法张扬个性，个人的才华和潜能自然也就显示不出来。我们很多中青年教师很有才华，但是被框住了，潜能出不来。因为一个模式定型了以后，就是死水一潭了。"对那些急于创建和推广模式的校长，我想问，苏霍姆林斯基的教学模式是什么？杜威的教学模式是什么？孔子的教学模式是什么？陶行知的教学模式是什么？哈佛大学、牛津大学、剑桥大学等世界一流的名校有统一的教学模式吗？当年苏霍姆林斯基所在的巴甫雷什中学有统一的教学模式吗？当年蔡元培执掌的北大有统一的教学模式吗？陶行知的晓庄学校有统一的教学模式吗？真正的名校、真正的教育家都倡导"思想自由、兼容并包"，绝不搞某种模式的统一和推广，因为任何模式的推广都伴随着"思想专制""学术霸权""个人威权"，都是对教师教书育人自主权的公然伤害，都是对教师教学个性的公然剥夺，都是把教师当作思想奴隶的典型表现，都是对现行教育法律的公然践踏。

第三，利益的驱动。"模式崇拜"只不过是利益崇拜的一种具体表现而已。崇拜导致迷信，迷信导致辨别力和思考力的丧失。当前之所以这样那样的"教学模式"层出不穷，与一些领导的攀比心理、从众心理和政绩心理密不可分：既然人家运用这种"模式"成为名校，那么我们也要学习运用这种"模式"，不管这种"模式"是否适合本地、本学校；既然人家有自己的"教学模式"，那么我们也要弄出一个自己的"教学模式"来，不管这种"教学模式"是否科学。一旦有这种攀比和从众心理，"模式崇拜"就有了肥沃的土壤和养料。这种不切实际地复制或盲目生造"教学模式"的做法，是典型的教条主义。教育和课堂应该沉下心来研究，不能搞"运动"。一些领导常常以教师素质低下为借口，进行某种模式的政治运动式的推广，这本身就是悖论。思想是解放出来，而不是专制出来的。改革开放初期，农民的积极性之所以比较高，不就是解放了农民的手脚和思想吗？"百花齐放、百家争鸣"才是我们追求的方向。所以，越是教师"素质低下"，越应该解放教师。

第四，媒体的误导。在"模式化"盛行的教育背景中，一些媒体无疑扮演了推波助澜的帮凶角色。一些媒体为了自身的利益，不断地制造名校的模式神话，把他们的"模式"都包装成了包治百病的"灵丹妙药"，好像只要复制过来，教学质量马上就上来了。这恰恰给不愿深入思考和艰苦实践的学校管理者提供了邯郸学步、东施效颦的机会，但大多数复制者却画虎类犬，适得其反。许多人学习名校时忽视了一点：形式虽可以模仿，但背后的思想文化却无法复制。这就是那么多地方都学洋思、学杜郎口却没有几个成功的原因。教育是不可复制的，关键在"用心"。说得严重些，模式都是媒体包装的名校"画皮"。前几年，我的几个朋友到洋思参观学习，发现洋思的课堂并不是媒体宣传的那样"老师讲课不准超过10分钟"等，问洋思的老师，他们说："那只是媒体的宣传而已!"于是我的朋友回来后大发感慨:"我们的一些学校学洋思,结果搞得比洋思还像洋思!"还是于漪老师说得好:"如果我们总是跟在人家后面走,那是永远不能超越的。什么叫超越?要赶上人家,超越人家,就要有自己的独立思考,有自己独特的认识与做法。"

不同课型、不同条件下的教学模式,可能其呈现方式不尽相同,但最终都是殊途同归、异曲同工。另外,新课程背景下教学模式的建立又要防止矫枉过正,出现模式化。因为模式化意味着千篇一律,一成不变,意味着机械化和僵硬化,意味着工业化大批量地生产,表现为对流行的教学模式生搬硬套、机械模仿。教育过程应该是千变万化的,学生接受的情况也是变幻莫测的,任何教育方法也应该是随机应变的。寄希望于用一种教育模式来对学生进行完整的教育,显然是一种不切实际的愿望。就像李镇西老师说的一样,不要重复别人,也不要重复自己,这样就好!

这个世界变化的节奏让人眼花缭乱,"唯一不变的就是变化"。当我们目睹周围的一切都在发生巨变时,我们必须时刻提醒自己,固守一种教学模式肯定是死路一条。"教育是一门科学,科学的价值在于求真;教育是一门艺术,艺术的生命在于创新。"这是很多老师都耳熟能详的一句话。求真与创新,是每一位教育工作者毕生所应追求的。教学不仅仅是技术,更是一种艺术。教学在任何时候都要在遵循必要技术的同时超越技术。真正的艺术拒绝模仿,真正的艺术呼唤教师的个性。一个事物、一个行动的方略一旦成了技术和模式,就可能意味着我们思维的停滞。教师要保持思维的活跃、心灵的舒展,让"生命在场",在任何时候都要对技术化、模式化有适当的警惕。我们呼唤中国教育"后教学模式时代"的来临!

刘铁芳教授说:"我们在努力追求教育的一种模式或者提炼出成功的经验并把它上升到一种模式化理念的高度的时候,怎么样保持模式的开放就成了后模式化时代需要我们思考的问题。第一,我们对待教学模式要有两种态度:作为研究者在探究的过程中怎样保持模式的开放性并不断丰富。在应用模式的时候应避免对模式的过度依赖,同时在应用模式的时候进行适度的变通。第二,教学模式也好培训模式也好应该对不同的教师有不同的对待。对年轻教师应该突出模式的引领作用；对那些经验比较丰富的教师，要鼓励他们超越模式，不要依赖模式，他们应该有更高的教育教学追求。第三，对不同学段的教师要分层对待。小学阶段教师在强调艺术性的同时要增强必要的技术性。中学阶段教师需要更富理性的教学艺术，但要多一些生命的关怀，多一些人文的想象。"

"模式崇拜"造成"模式"被"全能化"，"全能化"的结局只能让模式被"妖魔化"。一位优秀的老师说："现在我就不能听到模式这两个字，一听就浑身不舒服！因为我们快被一任又一任的校长推广的模式折腾疯了！"现在中国各级学校的老师，被强制推广的一种又一种模式折腾怕了！

总之，"模式崇拜"造成课堂教学研究的学究风气，干扰了真正有价值的研究和教师的专业成长，挤占、耗损了教育研究的财力和资源，助长了教研领域弄虚作假的腐败风气。

关键不在"模式"而在自主

一些地方和学校为了顺利推行某种"先进"模式，依靠行政强制"一刀切"，剥夺了教师们在教学思想和模式方面的选择权。对此，我有自己的看法。

一

教师应有选择教学模式的自主权，就像学生有选择学习方法的自由一样。我反对不分青红皂白地强制推广任何一种教学模式，不管它多么"先进"，不管推广者以多么冠冕堂皇的理由。因为教学模式化的背后是对教师教书育人自主权的公然伤害，是对教师教学个性的公然剥夺，是把教师当作思想奴隶的典型表现，是对现行教育法律的公然践踏。

不同的文本有不同的教法，不同的教师有不同的个性，不同的学校有不同的教育对象。怎么可能用一个模式来套呢？人不可能两次踏入同一条河流，世上也没有两片完全相同的树叶。从教育的本真上来讲，每个人都是独一无二的，每节课都是独一无二的，每个班级都是独一无二的，同样，每一所学校也都是独一无二的。真正意义上的理想课堂应该是一师一模、一课一模，而绝不是某种模式的永久使用。我认为，只要在大方向、大原则不变的基础上，每所学校、每个班级、每位教师都可以"自行其是"。

优秀的教师能用几十种模式上同一节课，一般教师只会用一种模式上所有的课。学生都是"喜新厌旧"的，优秀的教师都善于不断地变换花样（方法和模式等），以吸引学生的注意力，激发学生的学习兴趣。只用一种模式上课，时间一长，谁都会烦，只会造成课堂效率的低下。希望通过一种模式的强制推广提高课堂效率，只能是缘木求鱼。因为用不了多久，学生就会不买账。

教育的本质是成长和解放，教育应该让人获得更多的自由而不是给人更多的精神枷锁。过分强调模式会使教师的思维变得固化、呆板，其个性也会被磨灭，甚至会影响学生创造性思维的发展。

二

"钱学森之问"，振聋发聩，捅到了当代教育的痛处："为什么我们的学校老是'冒'不出杰出人才？"试想：我们的学校和老师都用一种模式化、简单化批量生产的方式，能培养出性格、能力迥异，思维方式创新的杰出人才吗？

长期以来，由于深受工具观的影响，我们"过多地强调教师作为客体的价值，而忽视教师作为主体的价值；习惯于从外部向教师作出规约，而缺乏从内部给予教师以本体性的关照"。新课改以来，我们倡导的主体、解放、个性等更多的是指向学生，甚至将学生的自主提到凌驾于教师的主体之上。长期生活于这种工具语境下的教师，也习惯于逆来顺受，习惯于"被自主""被解放""被模式化"，因为绝大多数老师从来就没有意识到自身的教育权利。即使先知先觉的教师，也大多不敢争取自己正当的教育自主权，因为害怕管理者"秋后算账"。正如一位学者所说："时至今日，各种干预、扰乱、冲击教师专业化的势力盘根错节，教师专业自主的声音非常薄弱，造成了当今口号横行、专业弃守，乃至教师文化衰微的尴尬局面。"

教育是直面人的生命，提升其生命质量的社会活动。教育理念中"以人为本"不仅仅指向学生，而且还应指向教师，因为教师也是教育中活生生的人。

没有教师精神的解放，就很难有学生精神的解放；没有教师的教育自主权，就很难有学生的主动发展。如果一直把教师当作逆来顺受的思想奴隶，那么就别指望我们的教师培养出真正意义上精神健全的人才来。

我们常常哀叹一些中小学教师的平庸和无能为力：是谁扼杀了我们学生的创造力？是什么窒息了我们学生的进取心？是什么使我们学生的学校生活变

得如此苍白、平淡和无趣？是什么使我们学生的精神世界变得如此单调、昏暗和贫瘠？我们认真深思当下的教育现状会发现，从思维方式角度看，"简单化""模式化"思潮就是"帮凶"之一。"我们留下一个什么样的世界给子孙后代，在很大程度上取决于我们给世界留下什么样的子孙后代。"当整个基础教育的战车上只剩下几种"先进"模式时，只能说明中国教育整体的贫血与苍白。

英国思想家怀特海说："教育培养人是个极其复杂的题目……对这个问题只有一点我可以肯定，那就是绝没有普遍适用而简单易行的办法。"教育孩子是人类最重要而又最困难的学问，从来就没有包治百病的"灵丹妙药"，更没有放之四海而皆准的模式，不要盲目相信媒体制造的"教育神话"。湖南师范大学刘铁芳教授说得好："凡把自己的教育理念、方案、谋略说得天花乱坠者，皆不可信；凡动辄言称'学习的革命''教育的革命''……的革命'者，皆不可信；凡动辄宣传教育的真理在握，非如此不可者，皆不可信；凡把教育的奥义说得伸手可及者，皆不可信；凡把教育的改革发展说得易如反掌者，皆不可信。那些言称教育改革如探囊取物般容易者，也许乃是因为他们自己就是改革的最大受益者。"

三

教师作为教育法律关系中的重要主体，既享有宪法规定的基本权利，同时，也拥有特殊的教育权利，后者在教师权利体系中居于核心地位。

早在1966年，联合国教科文组织就在《关于教师地位的建议》的文件中指明，"教师在履行职责上享有学术自由，有资格对最适合于学生的教具及教法作出判断，在选择和使用教材、选择教科书以及运用教育方法方面起主要作用"。

依我国现行教育法律和行政法规的规定，教师享有的教育权利主要有：1.教育教学权；2.开展科学研究和学术活动权；3.管理学生权；4.获取报酬待遇权；5.参与学校民主管理权；6.进修培训权；7.改善工作条件和生活条件权；8.享有与职务聘任、考核奖惩、退休等相应的权利；9.享有法定节日权；10.其他特殊权利。

鉴于我国的《教育法》和《教师法》已经赋予教师专业自主权和教师职业专业化的特点，各级主管教育的行政机关和学校应该将影响或违反教师专业自主权的相关制度，进行逐一检查，该废止的立即废止，该修正的尽快修正，再不能以教育改革的名义公然干违法的行为和侵害教师权利的事情。

希望各级教育行政领导对教师选择什么样的教学模式尽量少介入或不干预，除非教师的教育教学行为偏离了教育目标，违反教育政策或法规，损害学生学习和发展的权益。对所谓的"先进模式"，也应多一些理性的学习和客观的推介，而不是盲目地强制全面推广，否则不仅影响到教师的专业自主，也会影响到教育教学的效果，进而影响学生的发展。

教育是一个国家最重要的资源

一个国家的前途，不取决于它的国库之殷实，不取决于它的城堡之坚固，也不取决于它的公共设施之华丽，而在于它的公民的文明素养，即在于人们所受的教育，人们的学识、开明和品格的高下。这才是利害攸关的力量所在。

——马丁·路德·金

在中美洲有一个不起眼的小国，名叫哥斯达黎加，面积只有5.1万多平方公里，还不到我国河南省面积的1/3。在国内媒体上，只知道它是一个生产橡胶和咖啡的国家，却从没有介绍过这个国家最为重要的两个特点：一是它是一个没有军队的国家；二是它是一个教师之国、教育大国。

哥斯达黎加是世界上第一个实施九年义务教育和免费教育的国家，早在我国清朝道光年间即已施行，目前实行十一年制国民义务免费教育。国民识字率达93%，教育程度居拉丁美洲地区之冠。该国历届政府对教育都非常重视，教育投入高得可能会让我们吃惊。全国的教育文化经费竟然占到全国总预算的32%，教育预算开支竟然占18.4%。教育成为公共预算中投入最多的部门。在中美洲，甚至整个拉美地区，乃至全世界，哥斯达黎加的教育投入也名列前茅。

与之相对应的是，该国对教师这一职业相当重视和尊重。哥斯达黎加总统与教育部长于1996年8月29日向国会提出的《教育改革计划书》中明确规定：

不做庸师

强化教师地位，增加对教师的鼓励。哥斯达黎加除对教师提供经济及专业上的鼓励外，甚至在每年9月，部分教师的薪水可多支领3份，或全体教师可多支领1份。

"国将兴，必贵师而重傅。"百年大计，教育为本；教育大计，教师为本。教师的素质是一个国家教育发展的关键。教师如果是一个国家高收入且受人尊敬的职业，那么就会吸引社会精英为师；精英为师的直接结果是培养出高素质的人才；大量的高素质人才又直接促进社会风气的净化和国家各方面的发展。

1998年9月，该国总统桑切斯在威克·福斯特大学的一次演讲中说："世界上贫困的人们急需的是校舍和医药，而不是枪炮和将军。"他认为，教育和文化的力量，是军队和暴力无法战胜的。他在1987年获得诺贝尔和平奖，在颁奖典礼的演说中他讲道：

> 我们的国家是一个教师之国，所以我们关闭了军营，我们的孩子腋下夹着书本行走，而不是肩上扛着枪炮……因为我们的国家是一个教师之国，我们宁可说服我们的对手，而不是击败他们。我们宁可把跌倒者扶起，而不是压碎他们，因为我们相信谁也不能掌握绝对真理。

当读到这样铿锵有力的语言，我不得不对他投去钦佩和敬仰的目光。能够说出这样的话的总统，确实是一位了不起的政治家，他完全配得上诺贝尔和平奖。虽然他诞生于弹丸小国，但是他的思想和精神却远远超越自己所在的国度，并对整个人类社会具有深刻的影响。我找来放大镜，摊开世界地图，开始寻找中美洲的这个小国——用庄重而又敬仰的目光！

是啊，多一所学校，自然就少一份愚昧和野蛮；多了一份宽容与爱心，自然就少了一份狭隘与争斗；多了一份对和平的渴求，自然也就少了一份战争的危险。

哥斯达黎加是一个自然资源相对贫乏的国家，但他们坚信教师和教育的力量是巨大的。哥斯达黎加，正是由于教育的成功，盘活了"教育"资源，才获得了成功。截至2014年，它仍是中美洲经济社会发展程度最高的国家，国际竞争力位居拉美前列；目前它是全球最大的集成电路出口国。可以说，教育在哥斯达黎加国民经济的发展中起到十分重要的作用。

关于教育对于一个国家、一个社会的重要性，美国学者约翰·肯尼斯·加尔布雷斯在他所著《好社会》一书中说得再好不过了："在当今世界上，没有任何一国受过良好教育的人民是贫穷的，也没有任何一国愚昧无知的人民是不贫穷的。在民智开启的地方，经济发展自然水到渠成。""凡是国内安定、政府还能行使其职能的国家均应把教育置于首位，必须为教育——学校经费、教学设备、教师工资，特别是教师的培训——提供充足的资金。""一切政策必须以教育为中心。"

国际21世纪教育委员会在向联合国教科文组织提交的报告中指出："教育是社会的核心。""教育在社会发展和个人发展中起基础性作用。""教育是更深刻、更和谐的人的发展并从而减少贫困、愚昧、（不平等的）排斥、压迫和战争的一种主要手段。"

其实，发展教育就是投资未来。众所周知，教育决定的是一代人甚至几代人的素质，教育出了问题，影响的是国家的根本，教育的振兴是其国民经济发展的内在动力。按照美国政治学者亨廷顿的说法，国家之间的对立和竞争，归根到底是文化的对立和竞争。而文化的竞争，又归结到教育上。教育水平的差异，决定了一个国家和一个民族未来几十年的发展快慢。

我们不妨比较一下阿尔及利亚和突尼斯这两个北非邻国。阿尔及利亚有石油，突尼斯却没有，但突尼斯的发达程度远远胜过了阿尔及利亚，因为他们投入大量的物力、财力、人力，盘活了"教育"这一重要"资源"，投入大量的物力、财力、人力，教育他们的下一代，培养出大批优秀的人才。

看来，自然资源并不是发展的主要问题，重要的是如何把精力放到发展教育上来，只要盘活了教育这一宝贵的资源，也就弥补了其他资源的不足，甚至能够实现超越的态势发展。

以精神的力量来弥补躯体的损失

1806年10月，耶拿－奥厄施泰特战役，普鲁士被拿破仑·波拿巴所率法军击败，还被迫割让了一半的国土，支付1.5亿法郎战争赔款。然而，谁能想到，几近亡国的普鲁士几十年之后一跃发展成一个令人瞩目的强国并战败法国最终统一德意志！这其中最为重要的一条原因，就是它高度地重视对国民素质的培养，并以此作为国家振兴的基础。当时具有战略眼光的普鲁士国王威廉三世就指出："这个国家必须以精神的力量来弥补躯体的损失。正是由于穷困，所以要办教育。我从未听过一个国家办教育办穷了，办亡国了。"

在普鲁士，受教育和服兵役一样被视为公民义务，而国家则必须为它的公民提供受教育的机会。德意志统一前夕，适龄儿童入学率已经达到97.5%。当时的普鲁士，学生上学几乎是免费的，主要是以实物的形式来支付，不上学却要受到处罚；如果小孩子在学校犯了错，父亲也要被处以高额罚款。

才特尔镇位于德国最北部，临近丹麦。190多年前，这里是普鲁士王国最偏远最落后的乡村。今天的才特尔小学依然是小镇孩子们读书的地方，同时，它也是全德国最完整地保留了普鲁士时期原貌的小学博物馆，这里有一张1820年讲授自然课时所使用的挂图。当时的孩子们已经了解到，距离他们上万公里之遥的中国长城是什么样子。孩子们也可以了解到在五大洲居住的不同人种和不同的生活环境。在小学实验室里，他们可以接触到最新的自然科学知识。课程表记录了当时给小学生们开设的课程：世界地理、自然、算术以及德语、书法、宗教和体操。

1870年色当战役，普鲁士军队击败法军，俘虏法国皇帝拿破仑三世。普军总参谋毛奇曾言：普鲁士的胜利，早就在小学教师的讲台上决定了。

在普及全民教育的同时，普鲁士建立起教学和科研并重的现代大学，他们把高等教育视为"经济腾飞的车轮"。当普鲁士还在向拿破仑支付巨额的战争赔款时，柏林洪堡大学诞生了。国王拿出了最后一点家底，并把豪华的王子宫捐献出来作为大学校舍。一个君主可以为大学教育而把王子宫捐献出来，这是何等的英明！与此同时，国王还接受了大学提出的一个要求，那就是：国家必须对教学和科研活动给予物质支持，但是不得干涉教育和学术活动。

今天，在柏林洪堡大学主楼的长廊里，挂着许多黑白照片，他们都是在各个领域里取得了重要成就的本校教授。其中29位拥有一个共同的身份：诺贝尔奖得主。可以这样说，是国家充分的保障、充分的教育和学术自由，成就了德意志的科学家、思想家、艺术家……也对欧洲和世界文化产生了重要的影响。大思想家马丁·路德、弗洛伊德、康德、黑格尔、费尔巴哈、马克思、恩格斯等从这里走上历史的舞台，文学大师莱辛、歌德、海涅等创作的文学作品享誉全球……

我们在分析德意志近代史时，往往忽视了重要的一点，那就是：德意志是一个因为教育而强大起来的国家。铁血宰相俾斯麦书写起剑与血的欧洲历史的背后，是一个高素质的德意志民族；支撑起高素质的德意志民族的背后，是强大而又普及的德意志教育……

看来，一个国家的实力不来自领土大小，不取决于人口规模，不依靠于自然资源，而是决定于全体人民的科学素养和精神自由！在赞叹德意志为教育的巨大的物质付出的同时，我更加佩服他们对学术自由和教育独立性的绝对尊重。

不必"莫名惊诧"！这都不叫事儿

2018年1月31日澎湃新闻报道：重庆一中、南开中学、巴蜀中学高一的学生有点兴奋，原来在老师的寒假推荐书目上，出现了武侠小说《天龙八部》。

本来小事一桩，没想到：经媒体"煽风点火"报道后，竟然在春节前的祥和气氛里掀起了不小的争议波澜。赞成者视为天使下凡，兴高采烈；反对者则视若洪水猛兽，欲除之而后快。

曾有编辑邀我谈谈"这一事件对中国语文教育改革和发展有何意义"，我说我不太喜欢这种提法，不要把此事件硬和"中国语文教育改革和发展"往一块粘。

对于"寒假荐读《天龙八部》"这一"事件"，我等本无表态的必要，但怕担上"影响中国语文教育改革和发展"的罪名，也只好凑合着说上几句。

我就纳闷：武侠小说既然称作小说，便是小说的一种，也是一种文学样式，高中生为何不能读？

武侠小说作为一种普遍的文化现象，不乏经典，不少优秀的作品里也蕴含着许多中华文化的精粹。比如，著名导演李安根据王度庐武侠小说《卧虎藏龙》改编的电影以其中华文化审美内蕴震惊世界，获奥斯卡大奖。

"飞雪连天射白鹿，笑书神侠倚碧鸳"，是金庸对自己14部武侠小说的概括。他的作品在20世纪50年代一出世就非常流行，自港台地区、东南亚地区到中国内地，可以说热了半个多世纪。从空间上看，有华人处，便有金庸小说，地域之广超过了"凡有井水饮处，即能歌柳词"的柳永。

新加坡《联合早报》一篇社论这样评价："好比洋人不能不知哈利·波特，在华人世界里，谁要是不知段誉、乔峰、杨过、小龙女为何物，也可能会让自己在很多场合显得老土、落伍，旁人谈笑风生而自己却插不上话，只能红着脸尴尬地傻笑。"

受金庸武侠小说影响的读者是以"亿"为计量单位的，其读者群覆盖老人、中年、青年和少年。"金庸迷"不但有邓小平等这样的政治家，也有华罗庚、杨振宁、李政道这样的科学家，还有马云这样的亿万富豪。

2016年3月10日，金庸92岁寿辰时，阿里巴巴董事会主席马云录制视频、劳师动众地送上祝福。马云坦言，金庸武侠精神对自己及阿里企业文化影响深刻："刚创业的时候，我们18个阿里巴巴的创始人，十六七个都对金庸小说特别喜欢，金庸的小说充满想象力，充满浪漫主义和侠义精神。尤其是侠义精神，替天行道，铲平人间不平之事，给我个人的影响非常深，对阿里巴巴文化影响也非常深，我觉得男人一定要看金庸小说。"

而金庸的《天龙八部》是其重要的代表作之一，熔历史、宗教、医学、武学等知识于一炉，文化内蕴丰富，有着相当强的文学性，是一部写尽人性、悲剧色彩浓厚的巨著。小说以宋哲宗时代为背景，通过宋、辽、大理、西夏、吐蕃等国之间的武林恩怨和民族矛盾，从哲学的高度对人生和社会进行审视和描写，展示了一幅波澜壮阔的生活画卷，其故事之离奇曲折、涉及人物之众多、历史背景之广泛、武侠战役之庞大、想象力之丰富当属"金书"之最。

前些日子，上海少年儿童图书馆发布的首份《上海市少年儿童阅读报告》显示，中学生借阅最多的图书即是《天龙八部》。

将这样经典的武侠小说推荐给学生，是再正常不过的事情了，有什么值得"莫名惊诧"？

一位网友说得好："把《天龙八部》这类武侠小说纳入寒假推荐书目，既满足了学生心理，又能给学生带来新的精神体验和价值思索，既是教育模式灵活多变的体现，还适应新课标的要求，何乐而不为呢？"

部分人士担心学生沉溺于武侠小说，影响学习。然而当今社会，可能让一些学生沉溺其中的诱惑物又何止武侠小说？其实，现在的学生玩电子游戏、看电影、浏览手机的数量和时间，大大超过看武侠小说的数量和时间，如果要禁武侠小说，是否连电子游戏、电影和电视剧也要禁呢？

推荐阅读，就应该"灵活多样"，书单"百花齐放"。把经典的武侠小说推荐给学生读读（注意不是强制必读），本来是很正常的事，根本无须大惊小怪，对媒体来说，也无须过度关注。

教学：坚持上不完美的课

情感的温度：用真情润泽律动的生命

语文教育任重而道远。蓦然回首，在这条崎岖的道路上，我已经追梦20多个春秋。一路走来，我庆幸自己没有被年复一年缺乏创造力的劳动磨灭责任、良知与热情，我的课堂上依然洋溢着感情的汁水和思想的火花。我用温暖的眼神关注每一颗敏感的心灵；我用真诚的心灵聆听每一朵花开的声音；我用自己的真情去解读文本，去激发学生内心的情感，与学生一起吟诵，或高亢激昂，或悲婉凄清；我在对话中体验人生的各种况味，激动着、愤怒着、自豪着、悲伤着、兴奋着……

"语文"首先姓"语"，语言是语文存在之本。看似沉默的语言文字，其实是有生命的，有情感的，有温度的。

曾几何时，我们这个被称为精神家园和最富情感温度的学科一度得了情感缺失症：麻木、冷漠和"铁石心肠"，一度像沙尘暴一样席卷着中国的语文课堂；语文教师更是带领学生冷眼旁观地肢解着文本，一度陷入知识传授、技能分解的技术主义泥潭；学生在过细过度的分析与静态机械的训练中渐渐失去了灵性，失去了对母语的兴趣。

水本无华，相荡而生涟漪；石本无火，相激而发灵光。感情只能用感情去触摸，感情只能用感情去领悟，感情只能用感情去交融。语文课需要感动、需要震撼、需要心灵的泪花。正像干涸的荒野需要甘霖，冰冻的雪原需要暖流，寂寞的空山需要鸟鸣，平静的大海需要浪花。这种情感是学生与作品的直接对话，是师生之间心灵的交融，是作者之情、文本之情、学生之情、教师之情汇流而成的生命润泽。

其实，所谓的语文教学艺术，就是教师带领学生用心灵去触摸富有温度的语言文字，进而唤醒语言文字背后所潜藏的思想、情感的艺术。这就要求语文教师应是"性情中人"，应是"多情善感"的人。"没有人的情感，就从来也没有也不可能有人对真理的追求。"

苏霍姆林斯基曾说："我一千次地确信：没有一条富有诗意的情感和审美的清泉，就不可能有学生全面的智力发展。"只有富于情感、关注生命的语文课堂才是鲜活的，才是学生乐意接受的。

语文教学承载的绝不仅仅是知识的识记，更是知情行意的综合，是人类文化的繁衍与滋生。为了承担这样的重担，为了让语文的真情能够成为点亮学生的人生之灯的火把，作为一名语文教师，我们又怎么能不在语文的道路上首先把自己培养成一个激情四溢的人呢？

情动，才有心动；心动，才有行动。教材和文字是沉睡着的，而教师的教学就是把教材和文字中沉睡着的情感唤醒，融入自己的性格、性情，使之成为综合体送到学生面前，进行"碰撞"，从而使教材的一花一沙"生成"孩子的世界。

现在有些语文老师喜欢网上备课，互联网上，想要哪节课都有。这里一点，那里一点，大拼盘，内容也相当丰富。但是，靠浮躁得来的东西，骗不了学生。肤浅的东西，感染不了人；没有情感的投入，更感染不了人。

记得全国特级教师于漪老师谈到自己童年的学习经历时，依然能清晰地回忆起六十年前她的国文老师贮满情思的眼睛——"老师朗诵着，进入了角色，那深深感动的神情凝注在眼里。这种感情感染了整个教室，一堂鸦雀无声，大家都被感动了。"真可谓"此时无声胜有声"！

北京四中的语文特级教师李家声老师在这一方面也为我们树立了高标准。他的学生李赛回忆说："第一次见到他，唯一的印象是他的表情很沉静，声音很平和。谁能想到，这个含蓄的老师会在课堂上放歌呢。慢慢地，我们发现他的声音听起来很舒服，平和中有顿挫，平和中有深情。一首首古诗、一个个名句被他方正地写在黑板上，又脉脉地吟出来，教室里一下充满了温润的空气。"

不做庸师

李赛不止一次听过李家声唱岳飞的《满江红》。"每次唱,他都会哭。先生是经历过'十年动乱'的人,对国家命运的那种深深的关切,让他有感而发地哭,这令我们非常震撼。"

古音古韵,被李家声略带沧桑的男中音表达得回味悠长。一茬茬的学生,成了他忘年的知音。一位后来考上北大的女孩,用生动细腻的文笔,再现出语文课上李家声吟唱《满江红》时师生间情感交融的一幕:"开始时,我望着他,他微蹙着眉头,凝视着前方,几根发丝微微颤动。但很快,我低下头,不敢再抬起来,因为我知道,自己的双颊已经红得发烫,眼中的泪水,已经涨到收不回的程度。"唱到"待从头、收拾旧山河,朝天阙"时,先生已满眼是泪,学生也满眼是泪。歌罢,教室里,立刻响起雷鸣般的掌声。"我们把手拍红了,却都不愿意停下来。就这样,掌声一浪接一浪地响了不知多长时间。"

我的脑海中总是浮现出这样一幅画面:讲台上的学者面容清癯,鬓发斑白,满目忧思。这形象也许是闻一多,也许是叶圣陶,也许是朱自清,也许是李家声……我始终偏执地认为:他们才应是语文教师的思想典范和人格高标!他们才是真正的大师!

文化的宽度：引领学生徜徉在文化的牧场上

语文课堂不能没有文化的宽度。没有了文化的宽度，语文也就不成为语文了。咬文嚼字是语文的必需，扩展延伸也是语文教学的必要。人文素养的培养、人格境界的提升、语文表达的形成，不管是学生还是老师，都需要依靠大量的阅读来潜移默化地完成。这绝不是仅仅靠师生一干人一脚踢开人类丰富的文化宝藏，一头扎进有限的几册教科书里，拿着显微镜去共同肢解数十篇课文，以求闻一知百、举一反三，就可以实现的。这就是著名特级教师韩军所批判的百年语文教育中的"举一反三"的错误思路，而他提出的建设性意见"举三反一"论，正是中国优秀语文教育传统"厚积薄发"的现代诠释。

没有见过风景的人，会把盆景当作风景；即使见到了真的风景，也不应只停留在一处。对于教育工作而言，这两句话我觉得同样适用，而它恰恰最有赖于教师"脑内存"的容量和品质。

我个人认为，真正的语文课，应该是在特定情境中，教师以"生命在场"的姿态，引导学生倾听文本的灵魂回响，开掘语言文字背后的价值取向、精神母题和文化传承。2005年5月，我上市级示范课《散步》，就注重了对"亲情文化"的挖掘；2009年3月，我做省级示范课《七子之歌》，就引入了闻一多的"三美诗论"；2010年4月，我参加全国中学语文优质课竞赛所做的《乡愁》一课，就与学生一起探讨了中华文化中的"乡愁"基因。我认为，只有这样，我们的语文课堂才能显示出其宽度来。

其实，教材只是一个引子，我们借这个引子，可以更深地走进作家的作品，走进文学史，走进人类的精神空间。语文老师必须有语言与文化上的积累意识，应该像牧羊人那样，把学生引领到"水草丰茂的牧场"，而不是圈养起来。语文老师应该用人类的文化神韵去滋润学生的心田，引领他们登堂入室，领略人类文化大厦的恢宏气势和美丽姿态，充分享受徜徉在人类文化之中的无穷乐趣。

所以，语文老师要想尽办法"美容"或"整容"教材，应尽可能地找到教材的空白点、延伸点、能力点、发掘点，结合自身的认识去经营句式和文本结构，去补白、延伸、演示……用足用活教材这个"引子"。这样既拓宽了学生的阅读面，丰富了学生的情感体验，又加深了学生对文本的理解和深化，何乐而不为呢？

比如：我执教的《乡愁》一课，为了加深学生对主题的理解，引入了对比阅读文本——《望大陆》和《乡愁四韵》，中间穿插了诗人余光中沧桑的人生经历，展示情感的多面或同面的多层性。在同类的类比中探究原因，得出自己的结论，这样既拓宽学生的阅读面，又加深学生对文本的理解，让学生渐次明白诗歌背后诗人颤动的心灵弦音和浓浓的乡愁文化。最后，我又创造性地迁移拓展，让学生体验诗歌创作的快乐——

师：我们在感受诗人这种真挚的思乡情感之余，何不来尝试一下，模仿"乡愁是……"这一句式来写一写乡愁，体会一下创造的快乐？

生：乡愁是深秋的枫叶，飞旋于天地之间的精灵，舞蹈着我的双眸，壮烈着我的文字，超脱成寻根的红色感叹号。

师：非常富有诗意，意境很美！

生：乡愁是一轮明月，是苏轼"但愿人长久，千里共婵娟"的美好祝愿，是李白"举头望明月，低头思故乡"的千古绝唱。

师：能和古体诗词联系起来，学以致用，不错！

生：乡愁是风霜刻下的皱纹，请让我为你擦去未干的泪痕！乡愁是岁月发出的请柬，请让我为你敲响心灵的琴音！

师：好凄美的思乡曲！富有音乐美啊！

生：乡愁是牛背上牧童的短笛，吹响的是绿色的乡音；乡愁是串串驼铃，声声叩响游子的心扉；乡愁是一杯月色，斟满的是醉人的思念；乡愁是寄出尘封已久却依然炽烈的书信，每一次读来都心潮澎湃……

教育者的责任在于唤醒、激活、点燃，用心灵去拨动学生的心灵。在本课教学中，我以"乡愁是……"的形式，带领学生进行写诗的拓展迁移训练，构筑了一道亮丽的风景，流淌出音乐般美妙的旋律。可以说，用足用活了教材这个"引子"，拓宽了学生的审美视野，丰富了学生的情感体验，促进了学生的潜质开发。

当然，语文课的宽度不能发散得无边无际，而应是在同构点或者异构点中的延伸或对比，其最终目的是走向文字的深远和思想的深刻。

| 不 做 庸 师 |

思想的深度：倾听生命拔节的声音

语文教育需要智者的智慧、善者的悲悯、思想者的厚重。语文教师要有理想主义者的激情和实践家的执着。

语文课不能只是热闹和浮躁，而要有真正的思想。思想是语文教育之魂。唯有思想，才能还语文教育以永久的灵性、质感与生命的活力，而一个没有教师思想的课堂注定是苍白乏力的。

北京师范大学刘锡庆教授曾经指出，语文课"从本质上看无疑是'立人'之课，它具有强烈的人文精神"。语文课呈现的不应该仅仅是"鲜花"，还应该有"花开的声音"，课堂最美的声音是学生生命思想"拔节"的声音！教师的思想有多深，就会在课堂上引着学生走多远。思想的贫困比经济的贫困更可怕！帕斯卡说："思想形成人的伟大。人只不过是一根苇草，是自然界最脆弱的东西，但他是一根能思想的苇草……我们的全部尊严就在于思想。"说句老实话，多少年来，中小学的语文课很难与思想的深度联系起来。而教师一旦缺乏思想，就会导致文本解读能力的缺失，他的教学就只能是蜻蜓点水、浮光掠影，学生在课堂上的学习也就成了只有行动没有心动的走马观花。比如，人物传记《音乐巨人贝多芬》一课，对于贝多芬那具有强烈情感冲击力和精神震撼力的内心独白，如果没有教师结合自己的人生阅历和情感积淀进行的独特解读，学生又怎能真正走进贝多芬的内心世界？

"用教材教，而不是教教材。"这是做教师人人尽知、人人挂在嘴边的一句话，尤其近几年，几乎被喊滥了。但在实际教学中，一些语文教师还一直做着教参和他人思想的传声筒，一谈《孔乙己》就是批判科举制度，一谈《雷雨》就是揭露资产阶级的残酷、反动、虚伪，一谈《项链》就是批判小资产阶级的虚荣心……至于超越文本，对教材进行独特深刻的解读，进而用思想建构语文课堂，这些教师根本就没有这种意识，更不用说行动了。语文课堂的文化品格——语言的透析、文学的熏陶、理性的烛照、思想的启蒙，似乎长期与我们绝缘。如果语文只在字词句上反复折磨学生，不愿为学生的思想与精神奉献智慧，那么我们就不能指望语文有打动人心的力量。我始终认为，那种没有高尚价值引领、没有思想深度的语文，是庸俗的语文、粗劣的语文。所以，我一直把"培养具有独立精神与自由思想的现代公民"作为课堂追求的终极目标之一。

"教"是为了"学"，学生才是学习的主体，才是学习的真正主人。把学习和思考的主动权还给学生，这才是语文课的主要任务！只有让学生学习和思考得更加深入，才能让孩子的精神之树长起来！就语文教学而言，我们的目的不是培养文学家，而主要是培养"思想家"，也就是培养学生在生活和学习中善于观察、善于思考、勇于探索、勇于创造的习惯、意识和精神，这种观察和思考当然主要是指向人生和社会、历史和现实、文化和精神等领域，这才是语文教学能够而且应该做的事情，因为思想不仅是人的权利，而且是人的本质。没有思考的生活是动物式的生存，不会思考的人只能丧失独立人格和自主意识，从而沦为感性和知性的奴隶。为此，我经常让学生针对社会现象和历史事件等，在课堂上进行口头作文或思考交流。

我在内心深处发出这样的诘问：语文教育的终极目的是什么？怎样让语文课达到点化和润泽生命的"自由对话"境界？在一次次痛苦的思索后，我终于悟出：语文教育应该是生命的诗意存在；语文教育应具有情感的温度、文化的宽度和思想的深度；语文教育应是"一棵树摇动另一棵树，一朵云推动另一朵云，一个灵魂唤醒另一个灵魂"。师生在敞开的对话中，共同编织美丽的成长童话，共同寻找语文的真谛和生命的意义，共同书写生命的"传奇"。

| 不 做 庸 师 |

坚持上不完美的课

  课堂教学永远是一门充满遗憾的艺术，不完美才是它的真实存在。不管怎样的课堂，哪怕你再做精心的准备，总会留有一些不足的。叶澜教授讲："课不可能十全十美，十全十美的课作假的可能性很大……只要是真实的就是有缺憾的，有缺憾是真实的一个指标。"

  毕竟课是活的，对象是活的。从不同角度、不同层面，看法也可以是多种多样的。而从学生的角度看，不同的学生同样也有不同的收获和困惑。或许，这节课对于这一部分学生来说很适合，但对于另一部分学生来说也许就不适合了。所以说没有完美的课，只能力求更好的课。

  从特定意义上讲，课堂首先是一种态度。传统的课堂教学，常常只有预设而不见生成，"认真钻研教材，精心设计教学过程"一直是教师们不懈追求的完美目标，也是衡量课堂教学成功与否的重要标志。在教学预设上这种长期的"完美主义"，使课堂教学在普遍意义上陷入了这样一种状态：教者"以本为本"，习惯于从既定的教案出发，用一连串的问题"牵"着学生，害怕学生跳出自己预设的"圈圈"。"死"的教案成了"看不见的手"，支配、牵引着"活"的教师和学生，让他们围着它转，课堂成了"教案剧"出演的舞台。这样的课也许结构严谨，层次分明，但学生却如同折了翅膀的雄鹰，难以展翅高飞。

  《解读中国教育》一书上有这样一个典型例子：上海一物理特级教师上了一堂我们认为很精彩的公开课，老师发问，学生流畅、准确地回答，下课铃响起，预设的问题都得到了解决。中国听课的专家和教师都认为这是一节无懈可击的完美的课！而美国专家却不以为然，甚至很困惑："既然学生都会了，你们还教什么？为什么学生没有问题？"一语惊醒梦中人！多年来我们追求的所谓"完美的课"，原来恰恰是问题最严重的课！

  课堂教学的过程，不是单一的知识学习的过程，它是师生共同成长的生命历程，是师生"原汁原味"的生活情景，应该少一些固定预设，多一些课堂生成，"让预设与生成共舞"，而"生成"恰恰是我们所无法预料的，它在带来精彩的同时也可能带来遗憾，甚至会使我们的课堂教学丧失程序上的完美。但是正是因为它的"不完美"，才显出真正的"美"来。没了月亮的阴晴圆缺，我们就不可能欣赏到那些感叹人生悲欢离合、聚散无常的或婉约或豪放的诗句；而没了问题存在的完美课堂，也就失去了其存在的价值和必要性。

  "学然后知不足，教然后知困"；"做一辈子教师"必须"一辈子学做教师"。不完美，也许是一件好事。正是"不完美"，才督促我们不断提高教学能力。作为新课改背景下的教师，我们无须苛求完美，但要学会关注、捕捉、反思每一节课中的遗憾，并努力追寻各种方式弥补遗憾，这样就等于坐上了提升自己教学水平的直升机。

教学不仅需要细节，更需要战略

面对"细节主义"盛行的大气候，一提起战略，人们会认为战略是领导的事，教师就应该在细节上下功夫。其实，这种观点是非常有问题的，教师也需要战略思维。

因为在"细节决定成败"这一观念中，我们忽视了一个前提，那就是战略。只有战略正确，细节才会有意义。如果只顾细节，忽视战略，盲目执行，不管方向，那就是只见树木，不见森林；如果战略错误，细节再完美也无济于事，细节越完美，浪费的人力物力财力即社会资源越多，危害越大。在战场上，战略性错误是不能犯的，因为一个战略性错误可能导致全军覆没。在教育教学中，大失误必然是战略失误，小失误只会是细节失误，战略错了回天无力，细节错了还有改进的余地。不仅是周期比较长，如一个单元、一个学期的教学安排需要战略性思维，即便具体到一节课，也同样需要用战略的眼光去设计、组织和展开。

教师对教学要有"顾全大局"的战略性考虑，制订教学计划和教学目标时要有战略思维，考虑学生的实际，一切的教法、学法、教学环节、细节都应当围绕"战略"展开，落脚到学生的学会和会学，只有这样，教学才不会迷失方向。

而有些老师太斤斤计较于某些细节，而于整堂课行进的战略方向却不怎么上心，一节课下来，不知道究竟让学生重点掌握什么和让学生怎么学会，给人的感觉就是模模糊糊的一大片，非常散，完全失去了学科教学的魅力，又怎么能打动学生呢?

　　理想的教学应当是战略和细节的完美统一,就像鸟的双翼,缺一不可,否则是要栽跟头的。

| 不 做 庸 师 |

课改背景下"讲与不讲"的辩证思考

前一段，我应邀听了几堂公开课，课很热闹，但缺乏深度，老师们普遍不敢"讲"。评课时，我毫不客气地说，几乎没有一节"讲"得精彩的课。老师们很委屈，因为新课改以来，一些学校甚至规定老师的"讲"不能超过10分钟。"讲"似乎成了过街老鼠，人人喊打。许多老师一直被讲与不讲的矛盾困惑着。

我跟老师谈，在新课改背景下，我们虽应该反对"以知识为中心"、没有交流、没有互动的"满堂灌"，但不是反对所有形式的"讲"。讲与不讲，不是一成不变的，问题是教师怎么"讲"，什么时候"讲"。我认为，以下几种情况下，老师绝对不能放弃自己的"讲"：

在学生学习遇到困难时；学生错了的、不会的问题出现时；学生质疑问题时；在提问而不能答、指点而不开窍时；经过讨论不得要领时；为了让学生对某一问题有深入的认识；为了帮助学生突破某一思维障碍；对那些能开启学生心智，体现教学要求的重点、难点……这些地方老师若不讲，绝对有误人子弟之嫌。

新课改并不是不要教师"讲"，而是对教师的"讲"提出了更高的要求：讲在重点的关键处，讲在知识的概括处，讲在思维的提升处。所以，课堂上教师不是要讲得"少"，而是要讲得"精"，讲得"好"，讲得"有序"，不是就题讲题，一题一题地讲，而是要一类题一类题地讲，由个别到一般，再指导学生如何应用理论知识解决实际问题。一堂没有教师精要讲授和适时点拨的课一定缺少深度，正如崔峦先生所说："既要尊重学生，也要发挥教师的指导、点拨、调控作用，对学生理解不到、领会不深和理解错的地方，要订正甚至做必要的讲解，不能视而不见，放任自流。"

一些学校硬性规定每节课教师只能讲几分钟，这其实是非常荒唐的。蔡林森校长说得好："每节课，教师该讲几分钟？要根据学情而定，即根据出现问题的多少、难易的程度而定。如问题少、容易懂，就可以少讲；如问题多、学生难懂，就一定要多讲。不同的科目、不同的班级，情况各不相同，教师在课堂上，指导的方法、讲的时间也就各不相同，应该随机应变。再说，不同的学校，不同的校情，不同的课改现状，教师讲的时间更应该各不相同。"

但教师的讲绝对不能代替学生对知识探求的自主体验。在新课改背景下，"讲"最终是为了"不讲"。"不讲"，更多的是指教师不代替学生的"学"——对知识内容和知识产生过程的认识体验活动。

体验是最好的教育，任何一种体验都会在学生幼小的心田中萌发对理想的憧憬。只有学生亲身体验到有东西，才能最终沉淀到他的内心深处，成为一种素质、一种能力，伴其一生，受用一生。本来，青少年充满活力，有着强烈的求知欲和表现欲，然而，一些老师在课堂上只是一味地讲啊讲，生怕学生听不明白，而学生也只能是被动地学啊学。殊不知，这在一定程度上剥夺了他们用自己的眼睛去观察、用自己的心灵去体验、用自己的头脑去思考、用自己的双手去创造的权利，或许这正是学生学习兴趣不能被唤起的真正原因。

"没有自我教育就不是真正的教育"，不管是技能的操作，还是知识的传授，都需要学生用自己的感官去体验，并经过大脑加工整理和储存。缺少这个内化的过程，任何措施都是无济于事的。所以，我认为，在课堂教学中，教师应该坚持"三不讲"原则，即"学生已会的不讲、学生自己可以学会的不讲、讲了学生也不会的不讲"，要给学生创设情境和氛围，充分尊重学生，敢于放手让学生提出问题、思考问题、探究问题，争取给学生提供更多的机会去体验，体验生活、体验自主、体验过程、体验创新、体验成功，进而培养学生的创新精神和实践能力。正如专家们所建议的那样，给孩子一些机会，让他们自己去体验，给孩子一片天空，让他们自己向前走。教师再也不能把知识传授作为自己的主要任务和目的，再也不能把主要精力放在检查学生对知识的掌握程度上，而应成为学生学习的激发者、辅导者，各种能力和积极个性的培养者，把教学的重心放在如何促进学生"学"上，从而真正实现教是为了不教。理解达不到这个高度的老师，最优秀者充其量是个演技较高的演员，糟糕者则可能是一个愚蠢而又专制的暴君。

所以说，课堂教学需要"讲"也需要"不讲"。一堂课的好和坏，不能单用"讲"与"不讲"来评价，而应看"五度"（情境诱人度、活动刺激度、自主参与度、训练扎实度、建构生成度），老师是否"五有"（有心、有情、有法、有度、有力），学生是否"三动"（手动、口动、脑动）。

一名优秀的教师，不单单是让学生拥有知识，更重要的是唤醒学生沉睡的潜能，让学生拥有智慧，应该根据学生的差异、内容的难易、课堂的变化，适时调整讲与不讲的比例，把讲与不讲巧妙和谐地统一起来。总之，教师应该通过自己的"讲"，让学生在有温度、广度、深度的课堂的浸染中日渐茁壮，让学生在一块石头里看到风景，在一粒沙子里发现灵魂；但也要通过自己的"不讲"，给学生增加更多的自主思考、实践、体验的机会，让学生在广阔的精神空间中自由驰骋，在思想的恣肆狂涛中体验生命顿悟的喜悦。

教师不能成为教参的"奴隶"

教参，顾名思义只是教师教学的参考书，其作用无非是帮助教师理解和处理教材。但是，如果我们唯教参至上，对教参上的所有结论都言听计从，教参的存在就失去了其参考价值。

多年来，一些老师已经习惯了依赖教参，教材的处理、教学的设计、教学方法的选择，无不喜欢照搬教参上现成的东西，而一旦离了这根拐杖，几乎寸步难行，于是一些老师就成了教参忠实的"奴隶"。一项调查显示：如果离开了教参，有80%的教师写不好教案，有95%的教师不知道怎样给学生上课。

我曾问过许多老师，比如要教一篇文章时，老师首先想到的是看看教学参考书。假如拿过来的是一篇教学参考书上没有解读的文章，很多教师就会陷入茫然。这或许就是许多教师的困境，虽然在阅读的道路上走得磕磕绊绊，离开教参这根拐杖的搀扶就不能独立解读教材，但同时还要指导学生们学会阅读，只有"以其昏昏，使人昭昭"了。

新课程改革在语文教学上提倡尊重学生的个性化理解。没有课堂教学的个性化就不可能有学生阅读个性化的养成。但是，如果教师只是以教参为教学的依据和标准，语文阅读又怎么可能呈现出个性化的特色？

曾听过一所学校的三位老师教朱自清的《春》这篇课文，但几乎都是按照盼春、绘春、赞春理清文章思路，都是用那五幅图（春草图、春花图、春风图、春雨图、迎春图）概括绘春内容（因为教学参考书上就是这么"图"的）。虽然教师不同、学生不同，教法却几乎完全相同，很难看到哪位教师有自己的独到之处。

于是，我想：假如没有教参，每位老师都去独立地解读教材，设计教学方案恐怕就不会出现这么多的相同，毕竟每一个教师阅读教材后的感受不同。现在，因为大家都按照教参上课，顺着教参思路设计教案，教师对教材的独特体验和感受没有在教学中反映出来，结果造就"千人一面"的课堂教学。教师在不经意间给语文课套上了一层坚硬的外壳，"学生从他的话里感觉到他的思想是停滞的、僵化的"，哪里还有灵动可言？

教参只是教参，它最多只是别人对文本思考的结晶，最多能为我们的教学思路增加一些启发而已。至于是否适合自己的教学，还要依所教学生的基本学情和自己的教学风格而定，否则只能是一纸空文。依赖和照搬教参只会磨灭我们自己独特的教学体验和教学创造的灵性，只会让我们像井底之蛙那样，永远跳不出那片狭小的天地。缺少了自己对教材本身的分析和理解，缺少了自己对教材的真正的解读和观照，没有自己的真实感情，没有独立的思考，也就没有对文章的深刻领悟，当然也就不会出现有自己风格的老师。

新课程还提出教师既是教材的使用者，又是教材的开发者。开发就是需要教师创造性地使用教材，让教材"活"起来，这样，课堂教学才会有生机和活力，才会吸引住学生。

钱梦龙老师指出："看一位教师是否成熟，主要标志有两条：一条是在教育思想上是不是有明确、一贯的追求，另一条是有没有独立处理教材的能力。"教师如果没有自己的思想和情感的参与，是教不好语文的。要想走出富有自己个性的教学之路，不能总是"东施效颦"与"鹦鹉学舌"，面对教参，一个教师如果剔除不了思想上的"奴隶"心态，就不会有课堂教学成熟的一天。

别让大脑成为教参的跑马场

《项链》是法国短篇小说巨匠莫泊桑的代表作,女主人公玛蒂尔德是大家耳熟能详的形象。对于这样的经典小说,如何引领学生探寻主人公的心路历程、把握人物的性格,应该是教学的重中之重。所以,我在讲授莫泊桑代表作《项链》一课时,设计了这样一个问题:你怎样看待玛蒂尔德这个人物?

刚开始,学生的回答完全在我意料之中,不少学生把教参上的说法搬了过来,认为玛蒂尔德是一个爱慕虚荣的小资产阶级的女人。于是,我不失时机地"幽了学生一默":"看!一不小心我们的大脑就成了教参的跑马场。"

在学生会意的笑声之后,我接着说:"文学作品的解读应该是多元的。如果满足于照搬教参上标签式的解读,而没有自己独立的思考和体验,那么你永远感受不到文学作品的魅力,人物形象也不会在你头脑中丰满起来。"

继而,我给学生讲:"我们传统的解读之所以得出'虚荣说'的结论,一是因为我们原来太习惯从阶级斗争的角度来解读文学作品,二是因为我们不了解法兰西的文化和历史。我们经常说,解读文学作品,要知人论世,而对这一篇小说的解读,很多人恰恰忽视了这一点。法兰西民族是一个浪漫的民族。举一个简单的例子:如果一个法国人身上只有一个法郎,男士可能买一束玫瑰,女士则可能买一瓶香水,而不会去买一个烧饼充饥,这就是法国人的特质。女主人公玛蒂尔德生活在19世纪的法国,那时的法国是欧洲时尚的中心,体面也已成为法国人在社交场合的共同追求。对法国女人来说,能够在某一次上流社会的舞会中露面并成为舞会的皇后,即使付出十年乃至更多的辛劳,她可能也觉得值得。对法国男人而言，不支持女士的这个选择，他就会觉得自己不够绅士，不是法国男人。从这层意义上讲，这不是虚荣。"

对"虚荣说"简单"批判"之后，我对学生说："文学作品中人物的思想性格是由人物的言行举止、心理活动表现出来的。因此，要考察其形象特征，必须考察文本中人物的言行举止、心理活动。请同学们再次默读一遍小说，结合人物的言行举止、心理活动进行独立思考，然后再来评价玛蒂尔德这个人物，好吗？"

十分钟后，有学生陆续举起了手。

"玛蒂尔德是一个忠于爱情的善良的女人。她是那么漂亮，在晚会上可以说出尽了风头，所有的男人都在留意她，她完全有资本去过她梦寐以求的生活，但她没有这样做。丢了项链以后，她也没有嫌弃丈夫薪水微薄，没有凭姿色向达官贵人投怀送抱，而是和丈夫一起辞退了仆人，勒紧裤带过日子。"

"我补充一点。当玛蒂尔德向丈夫提到要用400法郎做衣服时，她小心翼翼、吞吞吐吐，唯恐吓着他或给他太大压力，这反衬出她的善解人意和通情达理。"

"玛蒂尔德是一个诚实守信的人。当借来的项链丢失后，玛蒂尔德心急火燎，如大祸临头，连上床睡觉的力气都没有了，想到的只是如何才能找到项链。当确认再也找不到时，她想到的依然是如何按时还上，而不是选择赖着不还、买个假的还上、逃之夭夭或靠堕落还债等。她恪守道义，用自己十年的辛苦劳动挣钱还债，说明她不是贪图享乐的人，也无可辩驳地证明了她坚守了人最起码的尊严、诚信和坚强。试问：有几个贪图享乐、爱慕虚荣又年轻美丽的女子会选择玛蒂尔德这样的做法？"一个男生铿锵有力的发言博得一阵掌声。

…………

学生的发言虽然五花八门，但我喜在心头，知道这节课的目的达到了，因为学生对玛蒂尔德这个人物的感受已经逐步立体起来。我始终认为，只有让学生思考得更加深入，才能让他们的精神之树生长得更加茂盛。那种没有高尚价值引领、没有思想深度的语文是庸俗的语文、粗劣的语文，甚至是罪恶的语文，因为它培养的是一批批丧失独立思考能力的"空心人"。

最后，我总结道："通过我们刚才的分析，莫泊桑笔下的玛蒂尔德这个人物远远不是'虚荣'二字所能概括的。我读这篇小说时，常常会感慨命运的诡异和个体在其笼罩下的无助。正如作者所言：'极细小的一件事可以败坏你，也可以成全你！'一个小小的假项链毁掉了玛蒂尔德十年的青春，演绎了一出普通人的悲壮之歌，但玛蒂尔德身上依然保持着善良、坚韧、守信、忠贞的亮点，这是多么难能可贵啊！对于生活在社会中下层的这样一个不幸的弱势女人，我们更应该掬一把同情的泪，而不是随声附和地盲目批判。希望这节课能够带给大家一些思考。"

| 不 做 庸 师 |

在喧闹的教育思潮中我们需要冷静

语文教育三年五年一小变,八年十年一大变,是不争的事实。语文教育的变化如此频繁,以至于莫测得让我们疲惫不堪。当我们回过头来追问我们为语文教育积累了什么的时候,就只剩下了面对新与旧的一片茫然。

虽然没有统计学上的数字说明这个情况有多么普遍,但在很多有关的会议上,许多教师都对此表示了抱怨和无奈。"与时俱进"成了时髦的口号与跟风的行动,那么一个不容回避的问题就摆在了我们的面前:在语文教育的本质上,到底有没有不变的基础?如果有,这个基础是什么?如果没有,那我们所坚持和提供的又是什么样的语文教育?教育的百年大计又在哪里?

改革的热情或许没让我们昏头,却让我们失去了一些不应失去的立场。其实,在语文教育改革中,我们走入了一个严重的误区:我们寄希望于用频繁的"花样改革"来改进语文教学。虽然我国现代语文教育已经走过100多年的历程,但一开始就没有冷静分析我国古代语文教育的是与非,没有顾及中国语言文字自身的特点,盲目地学习西方。我们不能忘记语文是有民族之分的,我们教授的语文姓中不姓外。近百年来,在语文教育改革上,我们重视了"求同"忽视了"存异"。语文教育首先是母语教育,不能因为国际化而扔掉民族本位。任何民族的母语教育都有鲜明的民族特点。我们中国语文教育现在出现的许多问题恰恰是忽视民族本位和盲目国际化的结果。当我们都在抱怨语文教育并开出种种从国外抄来的药方而不见病情好转时,又有几个专家想过我们民族的语文教育传统?100多年来,我们的语文教育没有能自觉地从汉字、汉语的自身特点出发来进行和改造，实际上一直在自我迷失或者说自我异化。比如：识字教学。现在课堂上的识字教学常用的方法几乎都是用拼音法，为识字而识字，结果我们用九年的时间还解决不好一个识字问题！看看中学生、大学生甚至研究生的错别字连篇的文章就可见一斑！其实，我们严重忽视了汉字从每一个的创造到整个体系的形成与发展，都洋溢着中华民族的大智慧，包含着丰富的文化基因信息。在识字教学过程中，完全可以自然地对学生进行德育、美育、智力开发等。我通过研究发现，我国古代传统的书塾教学运用这一规律，基本上用两年的时间就解决了三千多常用汉字的教学内容。在2004年中国召开的一次关于小学教育研讨会上，有专家指出中国小学国文教育方面存在的诸多问题。以识字为例，小学六年毕业的识字标准是2450个汉字。我们再看传统教育，《千字文》是1000个汉字，《三字经》是1145个字，《百家姓》568字，加起来有2700多个汉字，去掉重复的也会有2000多个字。需要多少时间呢？一年左右就完成了，况且传统教育是"礼乐射，御书数"的全面发展，不只是学文。如果我们真的对子孙后代负责，不想再自误误人，就应该认真检讨一下，传统教育是否真的一无是处，恐怕是要重新下结论了，更何况章太炎早就在高声呐喊"今之教科书，固勿如三字经远甚也"。

张志公先生曾提出从传统的教育中总结经验指导我们开展新的教育教学工作，但没有引起重视。在这里我想举一个张志公先生在《传统语文教学研究》的一个研究成果来说明一下传统教材的意义和价值。张先生通过研究指出，"一本《千字文》从南北朝直到清末，流行了一千四五百年，成为世界上现存的最早、使用时间最久、影响最大的识字课本"。回过头来再看看我们的教材，经过了多少年的淘洗了呢？

在喧闹的思潮中，我们需要冷静冷静再冷静！研究"不变"（如：中国语文的特点、语文的教学规律、丰厚的文化底蕴等）比研究"变"更重要。不盲目"与时俱进"和追赶教育流行色，潜下心来研究语文教育不变的东西才是我们最应当努力的方向之一。

我们现在的很多教育教学改革，是在把简单的问题复杂化，很有些削足适履和形式主义的倾向。对此，我有一个固执的想法：中学也好，小学也罢，语文的事情哪有那么复杂？教师自己先爱读书读好书了，再使学生爱读书读好书；教师自己先把文章写好了，学生在熏陶下也能写得不错了；教师上课出口成章了，学生耳濡目染也能意畅辞达，甚至富有文采了。在我看来，所谓"课改"，就是让语文回到语文。所以，陶行知、叶圣陶、蔡芸芝、老舍……包括三味书屋的寿镜吾，倘能复生，他们虽然没有什么时髦的新理念指引，但依然是最好的语文老师。

在我心目中，理想的语文教师是"五四"那一代，那是一个群星灿烂、大师频出的时代，他们的渊博、大气，浑然天成。他们仅靠一支粉笔、一腔热血和才情给了中国整整一代人最好的精神食粮和人格陶冶。

我们不少老师常常羡慕名师的课堂。每次优质课比赛期间，总有不少老师照搬或模仿名家的课堂教学，但就是上不出那种味道！许多老师的课堂不能说不合理，教学流程不能说进行得不顺利，但给人感觉就是缺少深度。至于原因，我认为是：只注意学名家课堂的一招一式，而忽视了名家背后深厚的文化底蕴。从某种意义上讲，课堂教学是教师文化底蕴的释放和展示。如果教师的底蕴不够，课堂又怎么能够上出深度呢？所以，作为教师，应潜下心来，努力读书，丰厚自己的文化底蕴，修炼上乘内功。

别让写作游离于学生的言语生命之外

作文教学首先应该是顺应自然的教学。这个自然，就是存在于学生生命本能中的言语需求和天赋。学生的言语意识、言语才情、言语智慧，应该是从他们鲜活自由的内在生命中生长、绽放出来的绚丽花朵。因为，孩子的观察角度、思维方式、选择兴趣和情感体验与我们成人明显不同。但是，当前的多数作文教学恰恰忽略了这种差异，学生的写作语言游离于他们的言语生命之外，超越了他们写作的现实。

我们的语文教师总喜欢引导学生"要写有意义的事情""说崇高的话"，用"群性话语""公共思维"和"成人模式"，让全体学生都用一个模式思维、用一套语言说话，杜绝学生的个性语言，武断地干预甚至窒息他们的言语禀赋，以换取毫无灵性的、工具化的言语操作能力。

于是，多数学生无法说出自己的真实体验，无法抒发自己真实的内心感受，无法说出有独立精神体验的个性话语。再者，教师们如此这般日久天长地耳提面命，一节课一节课地训导熏染，学生就学会了根据不同的公众场合、根据不同人的需要，违心地写符合要求的作文，说人们想听的、千篇一律的话，而没有符合自己年龄阶段的、自我的真实体验，有时甚至说假话、套话。

我们可以抽查各地的学生作文，会惊人地发现：相当数量的作文，从谋篇布局到词语的选用，甚至开头结尾，都如出一辙，却很难见到符合学生言语生命的、富有个性的文章。这些不同区域的孩子有着千万张不同的面孔，而他们的作文却有着大体一样的精神套路和言语方式，岂不怪哉？

不做庸师

本来孩子们是能够写出个性来的，他们是有自己独特的语言、独特的观察、独特的思维的，可是，日久天长，他们的天性被一些语文老师给磨灭了，给扼杀了。孩子们被纳入了一个个早已准备好的套子之中。比如：写松树，就必须写松树坚贞的品格；写草地，就非得写小草默默无闻地为人类做奉献不可。

孩子们的精神、孩子们的个性和孩子们的言语生命就是如此被泯灭的！这很容易让人联想到中国古时的妇女缠足，有差别的是这样的作文教学不再是缠足，而是缠脑！所以，全国名师韩军痛陈：我们的有些语文教师，不但没有成为语文学习的导航人，反而成了扼杀"天才"的刀斧手！成了扼杀学生独立精神的执剑者！成了独立思维、独立言语者的封喉人！

写作本是一件非常美好的事情，它源于一种生命觉醒，源于苏醒的心灵对世界、对人生的惊喜感悟，源于对自身经验、自身情感的一种珍惜。因而用自己的语言写真实的感受是一个人灵魂的确证，是一个人个性与人格的展现，这其实是一种不可侵犯的权利，不管他的语言多么怪异，他的感受多么与众不同。

作文教学要唤醒学生固有的言语生命意识和言语潜能，使之得到良好的护养和培植，这样，学生的言语智慧才能得到积极主动的发挥和张扬。学生的写作应以生活化、平民化、个性化、童稚化为主，以朴实和真切为本，以孩子所处年龄段的精神体验和生命体验为基本限度，切记不可拔高，尤其不可用神圣、崇高来取代孩子们真实的语言表达和精神体验。我坚定地认为，相当多的时候，孩子们率性地写生活、朴实地写自我、不加掩饰地描摹与诉说，这本身就是神圣，就是崇高，就是庄严！

《从百草园到三味书屋》是"恋人絮语"

《从百草园到三味书屋》是鲁迅先生的名篇，几乎所有版本的教材都把它选入。但过去我们对此文误读的地方太多了。

《从百草园到三味书屋》写于1926年9月，当时鲁迅已经46岁。

1926年前后的鲁迅正受着生活奔波、世态炎凉、国家不安、思想彷徨的煎熬，可以说处于人生最苦闷、最困惑的时期，这使得鲁迅不由得要去回顾反省自己的人生，释放自己内心的积郁与苦闷。而此时年轻的女学生许广平走进了他的生活，两人不久就碰撞出爱情的火花。面对这种感情，鲁迅曾一度不安，但不久还是坠入热恋的爱河。

这一时期鲁迅写了一系列回忆早年生活的和他一贯文风截然不同的作品，大多收集在《朝花夕拾》中。这些作品的字里行间少了"如刀枪，似匕首"的犀利批判，而平添了许多甜腻、纯真、质朴之情。这些"夕拾的朝花"，我们在以往的分析和解读中，忽视了一个关键的地方，那就是，他有一个特殊的隐含读者——正与鲁迅热恋的许广平。

鲁迅先生这一系列作品，首先是写给自己挚爱的女人许广平看的，或者说是一个男人写给自己恋人的絮语。因而鲁迅这一时期的作品总是情不自禁地回忆早年的往事、趣事，文章中总是洋溢着一份难得的温馨与快乐。而借回忆童趣也正好可以慰藉一下自己疲惫、沧桑的心灵，增加许广平对自己过去的了解，加深彼此的认识。这是人之常情。所以，他的这些作品最突出的也就是"情趣"二字。由此，我们不难理解，这一时期鲁迅先生一贯"如刀枪，似匕首"的批判文字为什么会一下子少了，而突兀出现这么多文笔细腻、感情纯真，似乎和鲁迅犀利的文风格格不入的作品。

所以说，《从百草园到三味书屋》只是艺术而真实地记录儿童时代自己从家庭步入学校的这一过程和两个不同环境里作者所感受到的童真和情趣，表现他儿童时代对自然的热爱，对知识的追求以及天真、幼稚、欢乐的心理。

在百草园里，我们看到了作者孩童时代入学之前的身影，从后园景色描绘到泥墙根的嬉戏，从美女蛇的故事到冬日捕鸟，无不洋溢着童年的欢乐；入学之后，从三味书屋布局的鲜明印象到询问怪哉虫受到先生冷落，从朗读难懂的四书五经到偷偷用纸糊在指甲上做戏，无不流露出作者愉快的回忆。而这样的文字，正是适合当时年轻的许广平看的文字。

过去我们常常将本文的主题之一理解成是鲁迅对封建教育制度的揭示与批判，认为作者在文中深刻地揭示、批判了腐朽的封建教育制度对孩子身心发展的束缚与迫害。这实在是一种误读，是对鲁迅作品本意的曲解。

被误读的寿镜吾先生

寿镜吾先生长期被我们误读着!

寿镜吾,名怀鉴,号镜湖,清道光二十九年八月初八(1849年9月24日)生于绍兴,鲁迅的启蒙老师,三味书屋业主,性格耿直,品行端正,在绍兴城里有口皆碑。鲁迅在《从百草园到三味书屋》中以"极方正、质朴、博学"传其为人,但被我等后学解读为百草园的践踏者和腐朽的封建教育走卒。

我上中学时,语文老师在讲《从百草园到三味书屋》中的寿镜吾时,语气极具批判性和权威性。老师认为,寿镜吾老先生不自觉地为旧制度效劳,是旧教育制度的忠实执行者。他不懂得少年儿童的心理,他没有像长妈妈那样能够抓住儿童的心,他也没有像闰土的父亲那样耐心诚恳地回答儿童提出的问题,而是不看教育对象的心理特点,拒绝学生的提问,泯灭他们的求知欲。这些都是错误的教学态度与教学方法。

等教书之后,我才明白我的老师是照搬教参上的观点,不过这一观点在当时的确是标准答案。那时人们普遍认为,寿镜吾是封建教育走卒,当然得打倒并踏上一万只脚。所以,长久以来,都把鲁迅写寿镜吾读书的情景视为封建教育走卒空虚苍白的说教。

我随着年岁的痴长,对事物的理解也开始学着用自己的脑袋思考了。重读鲁迅,我发现,鲁迅先生对百草园固然喜爱,对三味书屋又何尝不是深情绵绵?对长妈妈和闰土父亲一往情深,对寿镜吾先生又何尝不是敬重有加呢?

不做庸师

寿镜吾是一位"极方正、质朴、博学"的人

寿镜吾，是三味书屋的第三代主人，也是最有作为的主人。

他从先人手里接过教鞭，一挥就是60年。仅仅从启蒙了周氏一门的鲁迅、周作人这一点来看，寿镜吾就为中国新文学创下了殊勋伟业。其实，他自己的子孙们也几乎个个是鸿儒，只是因为遵守祖训，一心在三味书屋教书，所以才默默无闻。20世纪30年代，寿镜吾的一个名叫寿孝天的侄子偶然走出书屋，一下子就轰动了中国文化界，他与人合作编写了《辞源》。

寿镜吾极为痛恨侵略中国的列强，一生不愿用外国货，不穿洋服。他非常节俭，夏天只备一件夏布衣衫，挂在墙上，与两个儿子共穿。尽管如此，但他从不赤膊会客。有一次，新台门周藕琴来访，正逢大热天，他正好赤膊在家，匆忙之中一时间找不到长衫，正好天井里晒着一件皮袍，他就不管三七二十一拿来披在身上。藕琴见此，马上猜到了几分，连忙口中称热脱掉了长衫，想让老先生把皮袍脱下。寿镜吾却坚持不脱，连说："赤膊见客荒唐！赤膊见客荒唐！"周藕琴见此只好赶紧告辞。

寿镜吾老先生学问渊博，厌恶功名。他忠实遵守父训，立志不当官，自二十岁（同治八年，即1869年）中了秀才以后，就再也没有去应试，而是一生坐馆授徒。不但如此，他也反对和禁止儿子去参加科举考试和当官。他不允许小儿子去赶考，甚至把他锁在楼上，每顿饭菜都叫人给送去。结果他的小儿子用麻绳绑在窗门上，缘绳而下，逃出了楼房，终于去北京考取了朝考一等第一名，当上了吉林省农安县的知县。寿镜吾老先生就骂他不孝，骂了好长一段时间。

大概吴越是山水鱼米之乡，读书人家里若有些小的产业，不至于过不去、非要去当官不可。再加上清朝政治混乱，寿老先生对清末官场的腐败是深恶痛绝的，认为乱世切莫去做官，即使做了官也是昏官。在当时，这种遁世退却、不合浊流的态度是可贵的，联系"三味书屋"的命名，很能看出老先生的正直、善良。这对于他的学生，如后来成为反封建的猛士的鲁迅先生，大概不会没有影响吧！

鲁迅一生对寿镜吾先生十分敬重

三味书屋只收学生八个,而且非常严格,要经熟人介绍,寿先生上门目测,同意了,才可以来读书,并且学生要自带桌椅。鲁迅对三味书屋的求学生涯是非常珍惜、充满好感的,学习十分用功,因此成绩非常优异。寿先生很看重鲁迅,而鲁迅在寿先生的辛勤教诲下,古典文学知识越来越扎实,文化素养也越来越高。鲁迅一生中对三味书屋的寿镜吾老先生都满怀敬意,关系亲密。鲁迅说:"我对他很恭敬,因为我早听到,他是本城中极方正、质朴、博学的人。"自1897年离开三味书屋后,鲁迅"和他保持着经常的联系:寿镜吾亲送陈年米至周家"(周建人)。鲁迅去南京、东京等地求学后,每次回绍兴时,都会去拜见寿镜吾先生。即使是1906年鲁迅奉母命回家与朱安完婚,在绍兴只逗留了四天,鲁迅还是抽空去探望了年逾花甲的寿镜吾先生。寿镜吾的孙子寿宁先生曾回忆:"鲁迅每年春节前,总是用'大红八行笺'给我祖父写'拜年信',都是工工整整的小楷,以'镜吾夫子大人函丈,敬禀者'为开头,以'敬请福安'为结尾,下具'受业周树人顿首百拜'之类的话。"

1926年鲁迅写就《从百草园到三味书屋》时,寿镜吾还健在,但已是77岁的老人了。

因此,鲁迅不可能在自己的作品中表达在三味书屋生活的痛苦,更不可能讽刺一位当时还在世的他一生都非常敬重的恩师。

《从百草园到三味书屋》 丝毫没有批判寿镜吾之意

从情感看,《从百草园到三味书屋》前后两部分的情感是一致的。

过去我们常常将本文的主题理解成是鲁迅对封建教育制度的揭露与批判,认为作者在文中深刻地揭露、批判了腐朽的封建教育制度对孩子身心发展的束缚与迫害。在这样的视野中,文中写的百草园的生活和三味书屋的生活,被认为是作者有意进行的童趣和枯燥两种不同生活的对比,快乐和痛苦两种不同情感的对比。其实,这是对作品严重的错误解读。

不做庸师

一切文学皆人学。分析作品，我们首先要研究作者和作者所处的环境。《从百草园到三味书屋》写于1926年9月，当时鲁迅已经46岁。而此时年轻的女学生许广平走进了他的生活，两人不久就碰撞出爱情的火花。面对这种感情，鲁迅曾一度不安，但不久还是坠入热恋的爱河。对鲁迅的《从百草园到三味书屋》，以往的分析和解读中，恰恰忽视了这一个关键的地方，那就是，他又有一个特殊的隐含读者——当时正与鲁迅热恋的许广平。

联系鲁迅当时生活背景，我们不难分析出，《从百草园到三味书屋》是鲁迅写给自己挚爱的女人许广平看的，是一个男人写给自己恋人的絮语，是46岁的鲁迅清理自己的人生历程、消除内心苦闷的一种情感释放与心灵慰藉的文字。文中的叙述情感是统一的，无论百草园生活还是三味书屋生活，作者都是以一种愉快与诗意的语调，叙述自己小时候读书生涯的趣事，贯穿全文的是一种欢快、温馨的情感，而非我们过去理解的文中有两种情感——快乐与痛苦。

所以，了解了当时鲁迅的写作背景，所谓"两种情感说"的错误解读也就不攻自破了，那种认为作品是对寿镜吾先生的批判之说也就更站不住脚了。（请参考前文：《〈从百草园到三味书屋〉是"恋人絮语"》）

从内容看，《从百草园到三味书屋》对寿镜吾先生是持肯定态度的。

鲁迅在文中写道："第二次行礼时，先生便和蔼地在一旁答礼。……我对他很恭敬，因为我早就听到，他是本城中极方正、质朴、博学的人。"

对照课文，先生的和蔼方正，屋后的梅园，寿先生"不常用戒尺"，"不常有罚跪的规则"，连孔子的牌位也没有，这都让人想起那个儒家的"仁"字，先生以吟诵"仁远乎哉？我欲仁，斯仁至矣"，宣称仁爱的远近是以心灵为前提，掬水月在手，只要心存爱意，便能"仁至义现"。

这些也从侧面反映了他的宽厚、和蔼、开明和鲁迅对他的尊敬，又何来批判寿先生之意？文中更令人感叹的是寿镜吾与学生一同读书的情景："先生自己也念书。后来，我们的声音低下去了，静下去了，只有他还大声朗读着：'铁如意，指挥倜傥，一座皆惊呢～～～；金叵罗，颠倒淋漓噫，千杯未醉嗬～～～'。"

"铁如意，指挥倜傥，一座皆惊呢～～～；金叵罗，颠倒淋漓噫，千杯未醉嗬～～～。"引文中的波浪号表声音起伏，"噫""嗬"指念书时加在句尾用来加强感情的声音。

他如醉如痴的情态是那么投入。从内容上看，诵读而入醉的不是什么所谓情致高雅的正宗诗文，倒是那种充满狂放情致的近代诗赋。从这里，我们可以深刻地感受到寿镜吾先生潜心从事蒙学教育，远离官场仕途，自甘淡泊的正直的知识分子的清白品格。一个被现代人认为满脑子"纲常礼教"的人，在面对知识时，却能放弃尊者的架子，与学生一同沉醉在知识的美好中，这与我们现在提倡与学生共同面对知识，共享人类文化，共为教育成败负责，强调学生学和教师教的过程都必须体现师生人格的互动，没有什么区别。

所以，想起被误读的寿镜吾先生，我深感愧疚。因为我深感：个别教师根本不如被我们长期批判的这一位"封建老朽"！

让我们再次重温三味书屋门上那副对联："至乐无声唯孝悌，太羹有味是诗书。"

| 不 做 庸 师 |

黔之驴，何其冤哉？

我细读柳宗元的《黔之驴》和传统的解读资料，心情沉重，掩卷细思，忽觉得那驴可怜。我们对"罪魁祸首"恃强凌弱的老虎和帮凶"好事者"只字不提，而对无辜不幸的弱者——驴不但没有同情却大加讥笑与嘲讽。长期以来，"黔之驴"被我们解读成无能和外强中干者的象征。其实，黔之驴，何其冤哉！

首先，驴的悲惨遭遇主要起于"好事者"。客观公正地说，若不是被"好事者"心血来潮，船载入黔，"驴放南山"，也不会为虎所食。

造物主赐予了驴子许多先天独具的本领，把它牵到石磨边，它可以躬身拉磨；把它套到车上，它可以奋力拉车；把它骑在胯下，它可以屈身而行。偏偏"好事者"放着驴的这么多本领不用，把它放到连打滚都找不到一块平地的山野里同老虎干仗，其下场必然是"黔驴技穷"，客死异乡。由此看来，"黔之驴"的悲惨下场，纯属"好事者"用驴不当所致。看来，"用驴之长"，如何避免"黔之驴"之类的悲剧，当是一个值得潜心研究的问题。

其次，黔驴之技是弱者本能的反抗。许多人认为，驴的死完全是自找的。面对老虎的"荡倚冲冒"，正是黔驴的"不胜怒，蹄之"，暴露了"技穷"，结果被虎看透了实质，"断其喉，尽其肉"。没想到这一"蹄之"竟断送了性命。这就使黔之驴成为世世代代嘲笑的话柄。这其实是一种弱肉强食的强盗逻辑！按照这种逻辑推理，弱者面对强盗最好的方式就是不要反抗，束手待毙就行了！我们在嘲笑驴时，恰恰疏忽了这一点：虎恃强凌弱，贪心杀欲很强。 黔之驴无论斗智斗勇都不是老虎的对手，笨驴不会笨到连这点常识都不知道的地步吧。它预感到了厄运，它的嘶叫声就是恐惧的发泄，充其量也只是虚张声势，为自己壮一壮胆。面对老虎的冲撞和捉弄，它一定感到了死亡的来临，感到了绝望。最后那无力的一踢，完全是弱者本能的反抗、本能的挣扎。当老虎狞笑着扑向它时，也许那双缓缓闭上的驴眼睛里，流下了一个弱者无奈的眼泪。

最后，单从人道主义的角度来看，我们也不应该对这头不幸的驴有太多的嘲弄，更不应该引导天真无邪的孩子用动物之间的弱肉强食来诠释人与人、国与国之间的关系。生活中如果人人都奉行强权主义——都想做虎，张牙舞爪，都欲把别人吃掉而后快，而那些弱者只能任人宰割，稍加反抗，还要被作为笑柄，那么，这个世界不是太残酷了吗？

人类渴望和平，也渴望关怀，联合国教科文组织在1989年把"学会关心"定为21世纪的教育主题，关心的对象首先是弱者，要扶贫助残，尊老爱幼，同情弱者，给弱者爱的阳光。孟子曾经说过，人要有恻隐之心、羞恶之心、辞让之心。如果人类缺少了"恻隐之心"，那么还有什么善良可言，人与人、人与自然还能和谐共处吗？

长期以来，一些教师都是习惯于接受别人的信息，而自己很少思考，甚至不少的教师已经不会思考。作为教师，我们应该引导我们的学生：愤怒和谴责生活中各种各样的凶残狡诈的"虎"，而对那些如"黔之驴"一样不幸的弱者多一些同情，少一些嘲讽。也许只有这样，才能培养出学生可贵的人文精神。

管理：用心灵赢得心灵

不能"一切为了学生"

《学生第二》是李希贵先生的一本教育随笔集。我读完这本书时，一下子被李希贵先生振聋发聩的"学生第二"的思想击倒。在这个极力推崇"以学生为主体，一切为了学生"的新课改时代，这个概念无疑是很有冲击力的。

李希贵的"学生第二"的管理理念并非讨噱头，而是一枝深深植根于人本管理理念土壤上开放出来的绚烂之花。

李希贵说："一个时期以来，有不少似是而非的东西确实给我们的许多校长和老师带来了思想上的混乱，以至于他们战战兢兢地面对着眼花缭乱的'新理念'而迷失了自我。在一些学校里，他们看起来是直接服务于学生了，似乎把着眼点也全都放在学生身上了，但是，却往往很不理智地抛开了教师。……当强调学生主体、学生中心的时候，我们应该把教师放在一个什么位置？"

对一所学校来说，在教师成长和学生成长的二位一体中，如果说"学生成长"是我们的根本目的的话，那么老师的成长则是必要的前提。没有这样的前提，那口口声声的"学生第一"也只会是海市蜃楼。

但是在现实生活中，我们强调学生的重要性，有意无意地把教师悲剧性地活着与牺牲仅仅看作是为了造就学生的发展与幸福。"燃烧自己，照亮别人"的蜡烛精神早成了老师们的座右铭，"一切为了学生"更是成了大多数学校的口号。为此，李希贵大胆地说："那种认为一类人的工作仅仅是为另一类人献身，一类人悲剧性地活着仅仅是为了造就另一类人的幸福的观点，其实已经和我们的初衷相去甚远。"

是啊！在我们倡导建立和谐社会的今天，怎能容忍把一类人的发展和幸福建立在另一类人的痛苦和牺牲之上？当我们过多地强调"学生第一""一切为了学生"时，恰恰疏忽了一点，学生的发展是将教师的劳动作为中介来实现的，难道教师不希望得到发展吗？

只重视"一切为了学生"，而忽视教师的发展，对学生、学校、社会未必是一件好事。如果教师不能很好地发展自己，恐怕学生的发展也不会很理想。著名校长冯恩洪先生说得好，"学校里的一切如果是为了实现学生的发展，而不关心、研究教师的发展，那学生的发展就是'有限度的发展'"，因为"教学质量的提高首先源于教师队伍的自我超越"。

所以，从某种意义上讲，教师发展是学生发展的根本，教师的修养高度决定了学生的发展高度。只有教师的专业水平不断提高，才能保证高质量的教育水平；只有教师和谐发展，才能保证学生的和谐发展；只有给予教师爱，才能保证教师给予学生更多的爱；只有给予教师发展空间，才能保证教师给予学生更广阔的发展空间；只有让教师拥有人类智慧和精神的力量，才能保证他们托起的太阳冉冉升起。没有教师的发展，即使是再完善的教育改革计划，再动听的口号，也只会是海市蜃楼，绝对不会实现最终的成功。

李希贵说："让每个人都感到自己重要！"校长要使得"每个教师都感到自己重要"，只有教师正当、合理的需要得到了满足，他才能全心全意地投入到教育教学工作当中去，也才能使得"每个学生都感到自己重要"。我认为，这是李希贵"学生第二"的思想精髓。在许多情况下，只有学校管理者树立"教师第一"的理念，才能保证教师树立"学生第一"的意识。理想的教育发展模式应该是让师生在同一片蓝天下共同成长，和谐成长，甚至于应当追求一种首先基于教师成功的发展模式。华东师大二附中校长何晓文说得好："校长的职责是让每位教师成功，让每位教师的价值得到提升，这是学校管理的最高境界。从学校层面来讲，如果所有教师都成功了，那么学校就能成功。如果所有学校都成功了，那么中国的教育就能成功。所以，校长要把教师放在第一位，让教师与学校同步成长，这样才能实现双方的'共赢'。"

总之，没有好师资，哪有好教育？

| 不 做 庸 师 |

"管理"与"理管"

有一个极富才华的中国小伙子在跨国公司谋得一份工作，但开始他几乎有两个星期没事干。于是，他找到他的美国老板，很直接地说："我觉得我们公司很没有效率！"

"为什么？"美国老板不解地问他。

"因为我来了两星期了，却几乎没事做，你们花这么多钱雇我来，就让我白白坐着？"

美国老板反问："你从第一次面试到进公司，差不多花了三个月，你了解你的职位所要求的工作内容吗？"

"了解呀。"

"那你了解你要做哪些工作才能为公司做出贡献吗？"

"知道呀。"

"那为什么你会两星期没事干呢？"

…………

坦率地说，我对管理的理解就是从这个故事开始的。这使我进一步思考一个基本的问题：什么是管理？从字面上理解，"管"是控制，是行为的规范，而"理"是"自然之律"。但对比"管理"所真正表达的意思，我觉得"管理"这个词有点搞反了，应当叫"理管"才对。"理"在前，"管"在后，没有一定的"理"，你如何"管"？就像治水一样，水往低处流是理，是自然之律，所以治水作为一种"管",最好的办法是遵循水流之理,应该"疏",而不是"堵"。

每年年底,公司都会要求员工与经理一起,讨论第二年的业务规划与个人规划,讨论的结果叫"自我承诺"。这个结果并不纳入考核,但每个季度你的经理都会与你一起讨论这个"自我承诺"的完成情况,看看有哪些可以改进,然后把结果呈报给人力资源部。

我们可以想一想,当公司有十多万员工时,作为十多万分之一,每个员工哪里知道总裁的思想或批示是什么?我想,公司强调的是,每个员工只要对自己的工作负责,对公司的利益负责,就会得到相应的回报。

管理与"理管",反映的是两种完全不同的管理思想。中国人把"manage"这个词译成"管理"自有道理,这充分体现了中西文化对组织行为的不同处理方式。几千年来,中国是一种人治型的管理,"管"(权)在前,"理"在后,而近现代西方却是一种法制型的"理管","理"在前,"管"(权)在后。不过,我必须要说明的是,中国人才是"理管"的创始人。如果你读过老子的《道德经》,了解老子的"无为"观念,你就会比较同意我的观点。"无为"在管理上的解释其实是:管理别人就像是没有管理一样。这是管理的最高境界。中国的历史实在是太长了,长到我们对自己老祖宗的东西已经忘记了。所以,我们发现自己的东西别人好像用得比我们更好。

在公司,不会有人成天揣摩首席执行官的批示是什么,但在其他一些组织里总会有人在揣摩领导的想法。说白了,这种现象背后就是"管在前,理在后"在起作用。因为在权力第一的"人治"管理下,下属会利用揣摩领导的精神来获取"额外价值",时间一长,领导就会以我为准则而不是以事为准则,哪怕错了也要下属支持他。

我发现公司这种管理方式在很多世界级优秀公司那里都是共通的,即并不特别强调权力,而是强调以"自我的承诺"来实现共同目标。我想,在这些世界级的优秀公司,一定有很多的员工这样主动地为公司创造价值。这些公司的成功,绝不仅仅靠某项伟大战略,也不是某个伟大企业家指挥的结果。

管理的真谛在"理"不在"管"。管理者的主要职责就是建立一个合理的游戏规则,让每个员工按照游戏规则自我管理。游戏规则要兼顾集体利益和个人利益，并且要让个人利益与集体利益统一起来。责任、权力和利益是管理平台的三根支柱，缺一不可。缺乏责任，集体内就会产生腐败，进而衰退；缺乏权力，管理者的执行就变成废纸；缺乏利益，员工就会积极性下降，消极怠工。作为领导，应多做一些"理"的工作，少干些"管"的事情，甘心做润滑油，而不是动辄把自己当齿轮、轴承用，这应该是最好的"管"与"理"。只有管理者把"责、权、利"的平台搭建好，员工才能"八仙过海，各显其能"。

取长补短：领导就是"泥瓦匠"

一位老校长曾说过一句形象生动而又富有哲理的话，即"有烂砖，没烂墙，领导就是泥瓦匠"。其实，认真想想，也真是这个理。可以这样说，任何一个单位，多数员工都是好的和比较好的，他们都是好"砖"，只要把他们放到适合的位置上，都能够发挥好自己的作用。当然，每个单位也都有一些员工身上有这样或那样的毛病，甚至就是一块缺边少角的"砖"，但纵然这样，只要领导善于识其所长，避其所短，用其所长，补其所短，把他们摆在合适的位置，他们肯定也是堪当其用的。

去过寺庙的人都知道，一进寺门，首先是弥勒佛，笑脸迎客，而在他的北面，则是黑口黑脸的韦陀。但相传在很久以前，他们并不在同一个寺里，而是分别掌管不同的寺。弥勒佛热情快乐，所以来的人非常多，但他什么都不在乎，丢三落四，没有好好地管理财务，所以依然入不敷出。而韦陀虽然管账是一把好手，但成天阴着个脸，太过严肃，搞得人越来越少，最后香火断绝。佛祖在查香火的时候发现了这个问题，就将他们俩放在同一个寺里，由弥勒佛负责公关，笑迎八方客，于是香火大旺。而韦陀铁面无私，则让他负责财务，严格把关。在两人的分工合作中，寺里一派欣欣向荣景象。

从管理学的角度来看，佛祖的高明就在于把每一块"砖"放到了合适的位置。其实，在技术精湛的泥瓦匠眼里，没有烂砖；在高明的管理大师眼里，没有废人。正如武功高手，不需名贵宝剑，摘花飞叶即可伤人，关键看如何运用。唐代陆贽说得好："若录长补短，则天下无不用之人；责短舍长，则天下无不弃之士。"

人的成长受多种因素的影响和制约。因此，一个人诸方面的发展是不平衡的，必然有所长、有所短，有优点也有缺点。从一定意义上说，一个人如果没有缺点，也就没有优点。古人云："骏马能历险，犁田不如牛；坚车能载重，渡河不如舟；舍长以就短，智者难为谋；生才贵适用，慎无多苛求。"

如果我们再深入一步，就会看到，人之长短都是相对的，可以依一定的条件相互转化，长处会变为短处，短处也会变为长处。关键在于用人者怎样使用，为他们创造怎样的条件。合理使用人才，可以使"笨驴"变成"千里马"；反之，则可能使"千里马"变成"笨驴"。高明的领导不仅善于用人之长，而且能够容人之短；不仅能容人之短，而且能化短为长、长短共进，使各类人才创业有机会，干事有舞台，发展有空间。

因此，人员的配置或使用很重要。使用适当，可以使人发挥超人的能力；使用不当，则会埋没人才，能力就难以发挥出来。作为领导，就是要有"泥瓦匠"的眼光和功夫，把身边的每一块"砖"都看作有用之才，好好掂量，好好使用；把每一块砖放到最合适的位置，把大家的长处凝聚起来，使之成为一道能承重挡风的高墙。

管理的最高境界不是完美

完美是一句极具诱惑力的口号，却也是一个漂亮的陷阱，是将我们陷进里面的泥塘，我们却以为是席梦思软床。我们就是这样跌进完美自身所造成的误区里，只不过这种误区常常是以漂亮的面貌招手出现，以良好的状态开始作为引导，然后被日后的逞强、虚荣所代替，心理上渐渐地磨出了老茧，而自己却浑然不知。

应该说，追求完美并不是件坏事，但不能过分追求完美。过分追求完美不但得不偿失，反而会变得毫无完美可言。什么事情都会有个度，就像水到了100℃就会沸腾，低于0℃就会结冰一样，追求完美超过了一定的度，就会变得不完美。无论何时何地，无论何事何物，都要适可而止，如果达不到想象中的就誓不罢休，那是在和自己较劲了，长此以往，心里就有可能系上解不开的疙瘩，而且这疙瘩会系得越来越大，系得越来越死，对于自己和他人，都会成为越来越沉重的负担。

有一个这样的笑话：一个男人来到一家婚姻介绍所，进了大门后，迎面又见两扇小门，一扇写着"美丽的"，另一扇写着"不太美丽的"。男人推开"美丽的"那扇门，迎面又是两扇门，一扇写着"年轻的"，另一扇写着"不太年轻的"。男人推开"年轻的"那扇门……这样一路走下去，男人先后推开九道门，当他来到最后一道门时，门上写着一行字：您追求得过于完美了，到天上去找吧。笑话当然是笑话，但是说明一个道理：真正十全十美的人是找不到的！同样十全十美的事也是不存在的。

不做庸师

管理是一门化腐朽为神奇的综合艺术，但同时也是一门遗憾的不完美艺术。对于任何事情的执行结果，我们只能做得更好，不可能做得最好。我们大家都知道，奥林匹克精神是"更快、更高、更强"，如果换成"最快、最高、最强"，也就失去人们为之拼搏奋斗的价值了。

过分追求完美不仅不利于目标的实现，反而会成为障碍，为了从99.9%跨越到理想中的100%，而为最终的那0.1%付出多出正常标准很多倍的时间、精力等资源。但是我们都知道，事情到最后的那0.1%最难获得，和前面根本不成比例，是得不偿失的，所以我们实在没有必要刻意地去强求它。

作为个体的集合，组织就如一个大树林，不同的鸟儿聚在其中，构成了一个复杂的生态环境。面对这样的情况，有效管理绝不是一个单纯过程，它应当具有针对性、包容性和灵活性，否则，管理就丧失了它的本质意义。

作为组织的一个类型，学校就其性质而言，一方面具有教育属性，教书育人；另一方面具有社会属性，即学校也是由不同性格、不同需求、不同地位、不同生活经历和习惯的活生生的"人"组合在一起的。不可否认，社会的混合性、庸俗性、复杂性同时被包容其中，构成了这个复杂的组织环境。可以想象，在这个环境里，祈求一个称心如意的完美状态，达到一个理想的完美境界，几乎是异想天开。

鱼缸里的水虽然清澈见底，但生长在其中的鱼长不大，活不长。江海的水虽然混浊，却能够容纳更多更大的鱼。从管理学的原理来看，组织的方方面面留有余地，互存不良，反而顺理成章，和谐有序。这可能就是残缺美在管理实践中的表现吧。

管理者在认同差异的同时，也要欣赏残缺的美妙。没了月亮的阴晴圆缺，我们就不可能欣赏到那些感叹人生悲欢离合、聚散无常的或婉约或豪放的诗句；而没了问题的存在，管理也就失去了存在的必要性，组织也只会如一潭死水，平淡无奇，我们今天也就无从去高谈阔论那些或让人激动或使人惋惜的管理案例了。从自然规律来看，不同的音符，才有乐章的美妙；不同的落差，才有起伏的壮观；不同的性格，才有生动的和谐；不同的所有，才有无尽的追求。

作为管理者不要被完美情结所困扰，应学会容忍或宽容一些不完美现象的存在。古人有训：水至清则无鱼，人至察则无徒。作为管理者，有时难得糊涂比格外精明更重要。

　　完美是无止境地追求目标，一切都得从不完美开始，在不完美中进步。完美无极限，过分追求完美就会陷入狭隘的陷阱。管理的最高境界不是完美，而是残缺中的和谐！

| 不 做 庸 师 |

教师流动宜疏不宜堵

近几年来，中小学教师的流动具有明显的特点和规律：一般都是农村流向城镇，中小城镇流向城市，市县流向省会城市；边远落后地区流向经济文化发达地区；工作条件差的、收入待遇低的学校流向工作条件好、生活待遇高的学校；高学历、中高职称教师流动多，中青年教师流动多。

教师流动，单纯用行政手段采取"卡""堵"的做法是行不通的。近几年来，一些地方堵住"门口"不让教师流动，结果要走的人不辞而别，想走的人留人留不住心。

我们都知道"大禹治水"的故事：古代鲧采取堵的办法治理洪水，结果导致洪水更加泛滥。后来禹接受了教训，采取疏河导水的办法，结果治水获得了成功，解救了黎民百姓的苦难。在教师流动的问题上，道理是一样的，堵截不如疏导。

我们必须认识到教师队伍在一定范围内的流动是正常的。在市场经济的冲击下，教师流动是社会发展的必然，已是不可逆转的趋势。

长期以来，我们对中小学教师实行特殊的"政策保护"：只允许中小学教师以外行业成员横向流动，而不允许中小学教师参与人才市场、劳务市场的竞争，让所有的教师长期固定在一个岗位上，一次分配，终身不变。不流动和少流动造成一些教师丧失了主动性和创造性，难以实现自身的价值。这种做法恰恰忽视了教师流动的市场需求。计划经济时期的铁桶般的工作稳固早已不能适应我们现在的社会主义市场经济条件下的教育发展。

不可否认，一所学校、一个地方大批教师的无序流失，必将在一定程度上影响学校或当地的教育质量和教育环境。这就要求我们必须建立教师队伍合理、有效、有序的流动机制，教育行政部门应通过法规来规范教师的流动行为，引导、调整教师流动的流向、流速和流量，使教师的流动朝着有序、健康的方向发展。

但令人不得不深思的另一个问题是，好多优秀的教师都是在走了之后才被认为是"人才"，才引起原单位及当地管理部门的"高度重视"的。一些校长和教育官员对教师流动的反思中恰恰忽视了这一点。在教师管理上，与优秀学校和教育发达地区相比，一些学校和地方不仅仅是金钱和物质的差别！在感情留人、事业留人以及对教师价值认可的差距上，同样也不可小视。

总之，为教师流动创设必要的环境和条件，逐步放开人事制约，让人才适当地、有步骤地合理流动，鼓励人才的脱颖而出，是时代发展的需要，是教育发展的必然趋势。

| 不 做 庸 师 |

没有惩戒的教育是不完整的教育

在当今中小学教育界,"赏识教育""爱心教育""情感教育"等成为教育的亮点和主流选择,而与此同时,惩戒似乎成了教育教学中教师们不敢触及的高压线,唯恐被冠以"体罚或变相体罚学生"之名。加之,一些媒体对因体罚学生而引发的学生弃学、离家出走、自杀或杀人等恶性事件一再披露,不时地在向教师们传达这样一种信息:教育不应有惩戒。

据《中国青年报》载,36岁的辛洪梅从自己供职的一所私立学校辞去了教职,原因是这所学校对老师提出了种种"苛刻"的要求——除教育界的普遍要求以外,该校还特别要求老师:不准批评孩子,不准变相地批评孩子,不准向家长说孩子的坏话。

读完之后,我感慨颇多,对辛洪梅老师深表理解和同情。我认为,没有惩戒的教育是不完整的教育。教师是应当尊重学生,但是尊重学生并不是不批评学生。如果学生犯了错误连一句批评都没有勇气接受,将来又如何面对纷繁复杂的大千世界?这种一味迁就、信马由缰、放任自流看上去是尊重了学生,实际上却使得学生从小就是非不分,耐挫力弱化。

长期以来,中国教育界在反思尊重学生的过程中,又走进了重表扬、轻批评的误区,甚至出现了所谓的"无批评教育"。的确,教育以表扬为主,正面引导,这是符合人的成长规律的,但是,以表扬为主,并非以表扬为唯一的、全部的方法。教育是讲究分寸的,适当为佳,过之或不及均不能取得理想效果。我们应该看到,与表扬相对的批评,与奖励相对的惩戒,对于每一个人尤其是成长中的学生具有特殊的意义。

惩戒有惩罚、警戒之意，是对学生成长过程中所犯过失的责任追究，是让孩子去承担因错误而引起的后果，是为了让学生更好地成长。一个人的成长不可能是一帆风顺的，必然经历坎坎坷坷，一个人的成长除自身努力外，外在的环境和教育的影响也是非常重要的。在其成长的道路上，有时会误入岔道，走入歧途，最需要人去帮助，去训导，去惩戒，此时，教师要责无旁贷地担负起惩戒学生的任务。没有规矩，无以成方圆。有了规矩，必须有违背规矩后的惩戒，要让孩子为违规付出成本。由于孩子是成长中的人，可塑性极强，必须让孩子从小就明白：每个人获得的自由应该是相对的，当你侵害到别人的自由时，就要以限制你的自由作为惩戒条件，每个人必须对自己的行为负责。

一般来说，孩子犯了错误，恰恰是教育的最佳时机。这需要教师的大智慧，善于捕捉教育时机是最重要的。此时，惩戒是必要的。教育就是唤醒人，使人健康成长。惩戒是一种教育手段，也是一种爱的表达方式。有问卷调查显示，批评教育也是学生能够接受的方式，有些老师虽然严格，但仍受到学生的爱戴，因为学生们能体会出这样的老师心中的爱，理解的过程也是心灵沟通的过程。据我所知，学生时代受过教师惩戒的学生，大多数成年后会感激老师。相反，一些对学生纵容或放任不问的教师，学生并不买账。

我们必须把惩戒看作是一种教育手段，孩子受教育权利并没有受到损害，而是在接受另外方式的教育。而这种教育，可能所起的作用比上一堂课要大多了。教育是连续的，你进行了恰当的惩戒，如果他接受了，会提高他以后的学习效率，这样的惩戒教育可能会影响他的一生。学校就是社会的缩影，从学校走出来的学生，长大后可能成为经理、科学家、总理，也有可能沦为罪犯。而在学校阶段，就用恰当的惩戒手段让他们铭记终生，知道哪些高压线是不能触的，触了就是犯罪！这不应该也是学校教育应肩负的责任吗？事实上，现在个别学生的违规行为已处在违法犯罪的边缘，等到他们真的犯罪了再来进行教育，就已经迟了。我认为，在违纪和违法犯罪之间，学校将起着巨大的作用，而小惩大戒的教育手段则会让他们在边缘处止步。

常有人把欧美国家的教育拿来为中国教育应当宽松自由说话，这种认识是偏颇的。首先孩子不一样；其次国情不一样，他们的教育可以借鉴但不能移植；再者，欧美国家的教育并不像我们以为的那么"宽松"。

《新校长》中写道：事实上，美国等西方国家在公办学校禁止体罚，但并不禁止惩戒。按照规定，教师的权威必须严格保证。对于不听教师要求、顶撞教师、干扰课堂秩序的，教师可以要求校警出面以强制手段处理；对于打人者，无论年龄大小，都要让其承担责任。

黄全愈博士在《素质教育在美国》一书中谈到，在美国，如有学生将不允许带的东西带进学校，如手机，学校一律没收，并不再还给学生。

而在澳洲，一些公立学校的处理很简单，每个学校都设有两个警戒室，学生要是犯错误了，老师就请他到警戒室去，由专门的教师依照心理问题或行为问题的不同情况，与学生进行交流，然后采取赔礼道歉或写检查等不同的处置方式。最严重的惩戒是开除，在停学的日子里，家长是法律监护人。如果再不起作用，该学生就会被送到特殊学校去。

中国传统的教育是以严格著称的。这种严不仅是教学的严格，也在于管理的严格。这是一种优良的传统，遗憾的是我们并没有很好地继承。当我们看到学生出现行为上的偏差时，社会还在呼吁激励教育，呼吁家长教师理解学生。当我们看到有些极端自私、缺少正义感和责任感的学生走上社会的时候，当我们看到溺爱之风由家庭蔓延到学校时，我们的教育是不是该深刻反省了？

教育的艺术是爱的艺术。作为教育的艺术之一，教育惩戒与体罚、心罚截然不同，因为它不是出自恨或虐待狂之心，而是出自博大而深沉的爱。

呼唤野性教育

教育不能缺少野性教育。教育要创造一定的逆境，磨炼学生的意志，引导学生认识痛苦和苦难是生命的一部分，生命只有在战胜苦难后才会有乐趣，才会有生机，从而能够更加欣赏生命、珍惜生命，提升生命的意义和质量。

当前的中国教育缺少野性教育，这也是一个不争的事实，但一味地鞭挞学校也是不应该的，在现实中学校有时也很无奈。比如：学校想搞点挫折教育，立刻就会遭到家长和社会的口诛笔伐，教育主管部门也会以安全为由处处给学校和教师念"紧箍咒"。如果孩子在学校因为野性教育而出了什么意外事故，媒体也常常对教师横加指责。我常想，如果孩子连一点儿微不足道的挫折都不能承受，将来又如何面对纷繁复杂的大千世界？还谈什么成为对社会有用的人？

我曾经在报纸上看到这样一幅照片："俄罗斯冰天雪地，一位家长把自己幼小的孩子脱个精光，用冰水洗澡"；还看过一则报道说：日本的家长从来都不接送孩子上学、放学，在日本的幼儿园，孩子普遍衣着单薄，即使是在冬天，也身着汗衫、短裤晨练，可很少见到有人感冒。学生良好的习惯、承挫的能力、健康的心理、健全的人格等都要从小逐渐培养，小时候的过分迁就溺爱就好比在源头下了慢性毒药，等毒性发作的时候，即使有解药也为时太晚。

记得一位教育家这样说过："只有让孩子体验寒冷，体验孤独，才能让孩子在承受挫折的同时激发其解决问题、克服困难的能力，如果这个过程经常得到强化，孩子就会由被动变为主动，从而战胜困难。"给教育注入一点野性教育是必需的，教育孩子直面挫折，健全孩子的人格，这绝不是可有可无的话题。引导孩子建立积极向上的人生观，培养孩子良好的心理素质，正确对待危机，勇敢地面对现实，增强抗挫折能力，树立开拓意识，已成为现代教育不可忽视的一环。

"天堂"与"地狱"

教师的教育方式可以让一个孩子上"天堂",也可以让一个孩子下"地狱"。

人的一生有多种可能,当孩子背起书包走进学校,开始漫长的学习生活时,老师便成为他们人生途中重要的领路人。老师的品质和人格会深刻地影响到他们,老师的一个眼神、一句话语、一个动作,既有可能让孩子成为天使,也有可能让孩子成为魔鬼。如果是爱心、激励、赏识、宽容、民主,会将他们送进天堂;如果是讽刺、挖苦、责骂、体罚、独裁,也许会将他们推进地狱。一个孩子如果被父母唾弃,这个家庭就是他的地狱;一个孩子如果被老师唾弃,学校就是他的地狱;一个孩子如果被父母和老师同时唾弃,这个世界就是他的地狱。

说到底,教育过程中的人文关怀,就是对受教育者心灵、精神的高度尊重和小心呵护,而责骂、罚站、请家长等做法,其实是对学生的"心灵施暴",有人将这种做法称为"看不见的灾难",因为它容易使学生自尊受损,自信受挫,个性遭压抑,人格变扭曲,容易使学生形成逆反心理、厌学情绪、对抗行为、暴力倾向、"奴隶"性格、"双重"人格等诸多心理障碍和精神疾患。

"人最本质的需求是渴望被肯定。"赏识是激励人不断进取、满足其内在需要和情感需求的不可忽视的有效手段。对于孩子来说,一技之长得到赞赏,一得之见受到鼓励,一个行为得到赞美,乃至教师或家长对他们的一个亲切的笑脸、一个期许的目光、一个信任的点头、一句肯定的话语,都会给他们留下深刻的印象,甚至会对他们的未来发展产生重要影响。让每一个孩子抬起头来走路,让每一个孩子有尊严地活着!这是每一个教师义不容辞的责任。

最后,让我们重温苏联教育学家苏霍姆林斯基的名言:"世界上没有别的职业比医生和教师更富有人道性了。"这种人道性给予学生的教益也许是终生的。作为教师,任何时候都不要忘记:我们可以让孩子上"天堂",也可以使孩子下"地狱"!

用心灵赢得心灵

在仙崖禅师住的禅院里，一位学僧经常利用晚上时间偷偷地爬过院墙到外面去游乐。仙崖禅师夜里巡视时，发现墙角有一张高脚的凳子，才知道有人溜到外面去。他不惊动别人，就顺手把凳子移开，自己站在放凳子的地方，等候学僧归来。夜深的时候，游罢归来的学僧，不知凳子已经移走，一跨脚就踩在仙崖禅师的头上，随即跳下地来，才看清是禅师，慌得不知如何是好！但仙崖禅师毫不介意地安慰道："夜深露重，小心身体，不要着凉，赶快回去多穿一件衣服。"全寺众僧没有人知道这一件事，仙崖禅师也从来没有提起，但自此以后，全寺一百多个学僧，再也没有人出去夜游了。

仙崖禅师看似"示弱"的举动，却有效地"征服"了学僧，收到了意想不到的效果。他采用的方法很简单，那就是宽容。"赶快回去多穿一件衣服。"我们可以想见他的弟子听到老禅师此话后的心情。在这种宽容的无声的教育中，弟子不是被他的错误惩罚了，而是被教育了。

宽容之于教育，正如苏霍姆林斯基所言："要像对待荷叶上的露珠一样，小心翼翼地保护学生幼小的心灵。晶莹透亮的露珠是美丽可爱的，却又是十分脆弱的，一不小心露珠滚落，就会破碎，不复存在。"

面对犯了错误的学生，训责呵斥，固然也能把学生"管"得规规矩矩，"理"得服服帖帖，但往往治标不治本，甚至把学生推到对立面，拉开了师生之间的感情距离，个性倔强的同学还会因此而产生逆反心理，而宽容却能收到"以柔克刚""此时无声胜有声"的效果。其实，有时候学生犯了错误，大多数都会后悔，希望得到宽容、谅解，这时教师对他施以宽容，无异于雪中送炭，使学生体会到教师的信任和尊重，从而填补师生之间的感情空白，强化其改过图进的愿望。故事中仙崖禅师若搬走凳子对学僧"杀一儆百"，也没什么说不过去的，学僧可能从此收敛，但可能不会认真反省，更不会有以后的故事了。

苏联教育家赞科夫曾经说过："当教师必不可少甚至最重要的品质就是热爱儿童，假如有爱心，我们还有什么理由不采取宽容的态度对待学生身上的错误和缺点呢？"最好的教育是爱的教育，以鼓励代替责备，以关怀代替处罚，更容易收到教育的效果。心理学揭示的规律告诉我们：教师的教育在心理上从来不是单向流动的，在这个流动过程中，教师的教育态度，一经转化为学生的情感体验，学生就会产生相应的态度来对待教师。一旦作为教育者的教师与受教育的学生之间有情感的沟通，教师就会取得学生的信任，学生接受教育的反感就会被克服，取而代之的是：老师是值得亲近、信赖的人，这就为学生接受教育打下了基础。而宽容从某种角度就达到了教育者与受教育者之间的情感沟通。

苏霍姆林斯基曾说过："有时宽容引起的道德震动比惩罚更强烈。"作为一名教师，我们应该给孩子多一分理解，多一次机会，多一些鼓励，我们定会"用心灵赢得心灵"。有了这种爱的宽容，就能出奇出巧，就能在教学中变无法为有法，就能产生千变万化的教学机智，就能赢得学生的尊敬和爱戴，就能取得"润物细无声"的最佳教学效果。

当然，宽容绝不是无原则的宠爱和放纵，宽容应该有度得当、严爱相济，要"动之以情，晓之以理"，宽、严是辩证统一的。

啐啄同时

母鸟全心全意孵蛋，蛋中的小鸟即将出世时，不但小鸟会在蛋中拼命啐，母鸟也须从外以喙将壳啄破，来帮助小鸟出壳。这一啐一啄的同时，便是新生命产生的时候。

做任何事都需要掌握时机。机不可失，时不再来。如果啐、啄不在同一个时间，小鸟可能有生命危险。禅的修行也就以"啐啄同时"为最高理念。现在当教师的何尝不是呢？当学生有"啐"的能力时，为师的必须掌握时机，把握住这一瞬间机遇，以"啄"的气势，帮助其开悟。

一名教师应该思维敏捷，善于捕捉最佳教育时机，随机应变地采取有效措施来教育学生。这是一个动态系统，只有在动态中才能求得平衡。教育学生和厨师炒菜一样有一个看"火候"的问题，即"时机"问题。同样的材料和作料，有的人炒的菜就没有厨师炒的好吃。厨师炒的菜，外酥里嫩，香甜可口，色、香、味俱佳。这关键就在于掌握"火候"，火大了，炒焦咬不动，火小了就不熟。也就是说，火要烧得不大不小，恰到好处。教育绝不是一种没有威信的说教，更不是把知识和道理从一个人的脑子里搬到另一个人的脑子里的一种机械过程。教育首先是一种情感的交流。情感是动态的，又是随当时的情景、条件、地点、时间等不同而变化的。所以说，选择不同的时间进行教育，其效果往往是不一样的。只有把握"啐啄同时"的良机，我们才能收获成功的果实。

不做庸师

别再干让兔子去学游泳的傻事

为了和人类一样聪明，森林里的动物们开办了一所学校。开学典礼的第一天，来了许多动物，有小鸡、小鸭、小鸟，还有小兔、小山羊、小松鼠。而学校为它们开设了5门课程，唱歌、跳舞、跑步、爬山和游泳。当老师宣布，今天上跑步课时，小兔子兴奋地在体育场跑了一个来回，并自豪地说，我能做好自己天生就喜欢做的事！可其他小动物，却有的噘着嘴，有的耷拉着脸……放学后，小兔回到家对妈妈说，这所学校真棒！我太喜欢了。第二天一大早，小兔子蹦蹦跳跳地来到学校。老师宣布，今天上游泳课，小鸭子兴奋得一下跳进了水里。天生恐水的小兔傻眼了，其他小动物更没了招儿。接下来，第三天是唱歌课，第四天是爬山课……以后发生的情况，便可以猜到了，学校里每一天的课程，小动物们总有喜欢的和不喜欢的……

这是一则禅味十足的故事。故事寓意深远，它诠释了一个育人的通俗哲理，那就是"不能让猪去唱歌，让兔子学游泳"。要成功育人，小兔子就应跑步，小鸭子就该游泳，小松鼠就得爬树。如果非要每一个动物全面发展，那么只能换来它们全面的平庸。我们现代教育的悲哀之一就是非要把每一个孩子培养成全面发展的人才！看看我们这些育人者，又有谁是全面发展的人才？恐怕找不到一个！我们奋斗了一辈子都不能成为"全面发展"的人，我们有何理由要求我们的下一代全面发展呢？

如果以"全面发展"来衡量历史上的大人物和当今的成功人士，我看没有人能达到优秀，顶多混一顶"偏科"或"怪才"的桂冠！既然圣人、领袖、大人物都做不到，我们却一股劲地要求我们的孩子全面发展，这正常吗？

要我说，全面发展完全是理想中的乌托邦而已！有伪命题之嫌疑。

有位专家曾居高临下严肃地教育我："你理解的全面发展观是片面的甚至是错误的，全面发展不是平均发展！"

"那么到底什么是全面发展呢？能不能给我通俗地解释解释？"我问道。

专家支吾了半天，讲了一大堆名词术语，最后语重心长地告诫我说："全面发展就是每一个方面都有所发展。"

我仔细一想，专家等于什么也没说，全面不就是每一个方面嘛。但我实在看不出，学习好物理、化学，对姚明打篮球有何好处？我总感觉：硬逼着具有姚明般天赋的学生去学物理化学，实在是对他们身心的严重摧残！有那点时间还不如让他们都到球场扔几下篮球。没准，还能再培养出几个"姚明"。

我们的一些教育理论往往鼓励人们不遗余力地去纠错补缺，以求完美的全面发展并以此来定义"进步"。而事实上，当人们把精力和时间用于弥补缺点时，就无暇顾及增强和发挥优势了，更何况大部分的欠缺是无法弥补的。小兔子根本不是学游泳的料，即使再刻苦，它也不会成为游泳能手；相反，如果训练得法，它也许会成为跑步冠军。

教育孩子、培养人才应该按照孩子的天性，必须走出全面发展的完美误区，别再干让兔子去学游泳的傻事。

写到此，突然想到拒绝"全面发展"的韩寒，他的几句话曾给我留下很深的印象，抄录如下：

一个人的精力原本就是有限的，我只愿意把精力投入到我感兴趣的地方，我不会这所谓的"四艺"怎么了？我有妙绝天下的"炼欲心经"，有毫无破绽的易容术，还有变幻莫测的机关，阵法，我觉得这就足够了，干吗还要费尽心思去搞什么"全面发展"，追求什么完人？我最瞧不起的就是

不做庸师

那些自命风流的所谓"才子佳人",自以为"琴棋书画"样样精通,走到哪里都有人称赞,惹人嫉妒,其实骨子里什么都不是,所谓"全面发展"的最后结果就是"全面平庸"!

视野：天容海色本澄清

| 不 做 庸 师 |

"无穷的远方,无数的人们,都和我有关"

"无穷的远方,无数的人们,都和我有关。"鲁迅先生的警戒之言,穿越岁月的风尘,回响在耳畔。当世界变得越来越小,人们的情感和价值观越来越多元化的时候,无论远方,还是身边,任何人都不是一座封闭的孤岛,这个世界的一切"都和我有关"。

无论多么崇高的事业和精神征战,都别忘了"无穷的远方"和"无数的人们",别忘了高贵的良知,别忘了我们出发的理由……

滚滚红尘中的"我"即使再微不足道,这个世界也"与我有关"。江河湖海中,即使"我"是一滴渺小的水珠,也许"我"决定着一株植物的命运。大千世界里,即使"我"是一棵卑微的小草,也许"我"改变了一片土地的荒芜。

我们每个人都不能生活在真空的瓶子里,世态冷暖,国家兴衰,与我们每个人都息息相关。要教育我们的孩子心忧天下,心怀他人。"与我无关"不过是懦夫自保的借口,不过是麻木者自我安慰的理由。

记得美国作家海明威说过:"没有人是座孤岛,独自一人,每个人都是一座大陆的一片,是大地的一部分。如果一小块泥土被海卷走,欧洲就少了一点,如同一座海岛少一些一样;任何人的死亡都是对我的缩小,因为我是处于人类之中。"这句话和鲁迅先生的名言是多么相似!

个人觉得,一个人的精神成绩,往往取决于他的良知、责任和关怀力的大小。我们这个时代不仅需要以生命至上为核心的仁爱精神,还需要以社会参与和承担为核心的责任意识。所以,教师不能太狭隘,应该有赤子之心,除去应有过硬的专业素质之外,还应该有开阔的视野、担当的精神、悲天悯人的情怀,积极地向大师学习,向儿童学习,向自然学习,守护美好与良心,为自己和他人攒下一些明净的生命时日;否则,就容易丧失原则,辨不清发展的方向,搞不清到底该培养"什么样的人",一不小心就会陷入"忙、盲、茫"的恶性循环之中。

汉语构词很奇妙,信仰——信者,仰也;仰者,信也。唯仰者信,唯信者仰。在一个心境被严重干扰的年代里,措辞不清的文化黄昏里,只有理想主义者,会以峭拔的姿态和坚定的目光,坚持"无穷的远方,无数的人们,都和我有关"。而抱有"与我无关"态度的人,也最容易成为投机主义者、虚无主义者和精致的利己主义者。

| 不做庸师 |

不为别人的评价而活着

　　古时候有父子俩赶驴进城。开始父亲骑在驴上,儿子牵驴前行。两位老人见到后就对父亲大加指责:你自己骑驴却叫儿子走路,一点都不懂得疼爱自己的孩子!父亲听后连忙和儿子调换了一下。走了一段,几位年轻人又指责儿子自己骑驴是没有孝心。于是,父子俩一起赶着驴往前走。不多久,几个儿童又讥笑父子俩放着驴不骑是笨蛋,父子俩听后便一同骑上驴往前走。走不多远,倒霉的父子俩又遭到几个妇人的唾骂,说他们两人都骑在驴上是不顾驴子死活是没有良心。于是乎,方寸大乱、无所适从的父子俩只得把驴捆起来,两人一前一后抬着往城里走。

　　第一次读《父子骑驴》这则寓言是在少年时代,故事中没有主见的父子让我笑了很久,不相信世上还有这样愚蠢的人;今天再读它时,却怎么也笑不出来,故事中的父子分明有你我他的影子,因为现实生活中类似"父子骑驴"的悲剧在我们许多人身上经常发生着。

　　中国有句俗话,叫作"人嘴两扇皮,反正都是理"。做一件事,如果没有自己的主见,一味地听从别人的评价,迎合别人的看法,强求自己采纳每个人的意见,最终只能是一事无成。故事中的父子简直就是为别人的评价而活着,这样的人生有什么快乐和意义可言?当然,我们中也有不少人热衷于充当指责"父子俩"的"老人""儿童""妇人"角色,其结果是不但矮化自我形象,而且有可能让众多"进城的父子们"无所适从。

世人都在活着，但究其实，许多人并没有真正活着，至少他们不是为自己而活着，而是像故事中的父子为别人的评价而活着。

不少人活得很累，很紧张，甚至很痛苦，因为每天都在看世人的眼色行事，别人（甚至某一个人）认同的他去做，别人（甚至某一个人）不认同的他不去做。因为太在意别人的嘴巴，他们总是活在别人的赞叹与毁谤之间，总是活在别人的笑声与骂声之间，总是活在别人的肯定与非议之间……他们为别人赞叹而高兴，为别人的毁谤而悲伤；为别人的赞成而进行，为别人的反对而罢休；为别人的笑声而歌唱，为别人的骂声而丧气……

哲学家萨特认为：人活着，要做自己。他说："是懦夫把自己变成懦夫，是英雄把自己变成英雄；而且这种可能性是永远存在的，即懦夫可以振作起来，不再成为懦夫，而英雄也可以不再成为英雄。"理性是衡量一切的标准，不要盲从传统或公众，尽管他们的实力是强大的，甚至会给你各种"罪名"。

一个人想干一番事业，必须过"四关"，即寂寞关、困难关、非议关和自我关。"寂寞关"是第一道关，意味着你要放弃什么、割舍什么甚至牺牲什么；"困难关"主要来自各方面的压力，学识上的、理论上的、思想上的等；"非议关"指在成长过程中受到的误解、讽刺乃至打击；"自我关"是指取得了一定成绩后，对自己能否正确定位，能否再接再厉，能否自我超越。

我们能够把握的是自己当下的生命，不要太在乎别人异样的眼光，不要太在乎别人的评价，更不要被别人的评价所左右。下决心改变自己吧！从一缕轻风、一抹阳光、一朵白云、一袭晚霞里读出快乐，以清风明月的胸怀去领略风光无限，以潇洒自在的心态去关爱人间百态。

| 不 做 庸 师 |

别忘了自己是一只叫什么的鸟

一只老鹰从鹫峰顶上俯冲下来，将一只小羊抓走了。一只乌鸦看见了，非常羡慕，心想：要是我也有这样的本领该多好啊！于是乌鸦模仿老鹰的俯冲姿势拼命练习。一天，乌鸦觉得自己练得很棒了，便哇哇地从树上猛冲下来，扑到一只山羊的背上，想抓住山羊往上飞，可是它的身子太轻，爪子又被羊毛缠住，无论怎样拍打翅膀也飞不起来，结果被牧羊人抓住了。牧羊人的孩子见了，问这是一只什么鸟，牧羊人说："这是一只忘记自己叫什么的鸟。"孩子摸着乌鸦的羽毛说："它也很可爱啊！"

读完这则寓言故事，一个问题始终在我的头上盘旋：乌鸦的命运毁在哪里？思前想后得出两个字：榜样！在这个崇尚榜样的时代，我也反弹琵琶一次。乌鸦正是学习榜样老鹰，忘了自己"是一只叫什么的鸟"，结果落得个被牧羊人抓住的悲惨下场。

一位哲人曾告诫我们："这个世界上没有两片完全相同的叶子。"虽然成功学家激励你说："学习成功者，你就可以成功。你要永远对自己说：我能行，我是最棒的！"而无数的事实证明：无论你多么认真地学习成功者，多么相信自己是最棒的，但是你未必能行。因为每个人都是独一无二的，在一定意义上讲，每个成功者的道路都是不可复制的，把榜样当样板，会让你困死在成功者的影子里。

生活中有很多这样的人：本来是一块不错的木头，可以做成非常精美高档的木器，但是偏偏忘了自己是谁，要学习钢铁榜样，把自己丢到炼钢炉里，其结果也就可想而知了。电影导演冯小刚在一次电视采访中谈到自己的导演之路时说："姜文、陈凯歌都将有长长的影子留在影坛，我若照他们的路走，可能走很长的路了，还在他们的影子里。我要努力在他们的影子之外，找到阳光照过来的缝隙。可能我的影子很短，但这毕竟是属于自己的。"做导演，冯小刚是成功的，其成功就在于认清了自己，知道自己是"一只叫什么的鸟"。其实，每个人都有自己独特的优势，我们要敢于坚持契诃夫所说的"大狗叫是叫，小狗叫也是叫"的理论，一定要认清自己，切不可盲目地学习榜样，否则就会落个故事中乌鸦的下场。

世人皆云："榜样的力量是无穷的！"我对这话更愿这样理解：榜样激励你的力量是无穷的，但是毁灭你的力量也是无穷的。在这篇文章的结束，我想以一句不合时宜的话与朋友共勉：一定要认清自己是"一只叫什么的鸟"，别让榜样误了你或毁了你！

| 不 做 庸 师 |

别让"经验"伤着你

我们先读三则小故事吧!

故事一

　　从前,有一个卖草帽的人,每天,他都很努力地卖着帽子。有一天,他叫卖得十分疲累,刚好路边有一棵大树,他就把帽子放下,坐在树下打起盹来。他醒来的时候,发现身旁的帽子都不见了,抬头一看,树上有很多猴子,而每只猴子的头上,都有一顶草帽。他十分惊慌,因为如果帽子不见了,他将无法养家糊口。突然,他想到,猴子喜欢模仿人的动作,他就试着举起左手,果然猴子也跟着他举左手;他拍拍手,猴子也跟着拍拍手。他想机会来了,于是他赶紧把头上的帽子拿下来,丢在地上。猴子也学着他,将帽子纷纷都扔在地上。卖帽子的高高兴兴地捡起帽子,回家去了。回家之后,他将这件奇特的事告诉了他的儿子和孙子。很多很多年后,他的孙子继承了家业。有一天,在他卖草帽的途中,也跟爷爷一样,在大树下睡着了,而帽子也同样地被猴子拿走了。孙子想到爷爷曾经告诉他的方法。于是,他举起左手,猴子也跟着举起左手;他拍拍手,猴子也跟着拍拍手。果然,爷爷所说的话真的很管用。最后,他脱下帽子,丢在地上。可是,奇怪了,猴子竟然没有跟着他做,还是直瞪着他,看个不停。不久之后,猴王出现了,把孙子丢在地上的帽子捡了起来;还很用力地对着孙子的后脑勺打了一巴掌,说:"开什么玩笑!你以为只有你有爷爷吗?"

故事二

一只驴子驮盐渡河,在河边滑了一跤,跌在水里,那盐溶化了。驴子站起来时,感到身体轻松了许多。驴子非常高兴,获得了经验。后来有一回,它驮了棉花,以为再跌倒,可以同上次一样,于是走到河边的时候,便故意跌倒在水中。可是棉花吸收了水,驴子非但不能再站起来,而且一直向下沉,直到淹死。

故事三

一天,狐狸正在森林里走着,一抬头看到乌鸦站在高高的树上,嘴里叼着什么东西,看上去好像又是一块肉。狐狸便还用上次的办法,想把乌鸦嘴里的肉骗到手,狐狸就对乌鸦说:"乌鸦,你的歌喉是那样的美,给我唱首歌吧!""哇,哇,哇……"乌鸦果然上当了。当乌鸦张嘴的同时,那块"肉"掉了下来,狐狸赶快跑过去咬住。这时它看清楚了,那是一条毒蛇,它想松开口,但已经晚了,毒蛇狠狠地咬了它一口。狐狸拼命逃回自己的窝,此时毒性已经发作,狐狸临死的时候,对跟前的孩子们诉说:"有时经验是靠不住的。"

孙子为何不能像爷爷当年那样拿回被猴子拿走的帽子?驴子和狐狸为何死于非命?我想:很重要的一个原因是都没能正确地对待经验,太盲目相信经验,机械地套用经验,未对经验进行改造和创新,以至于形成思维定式。

思维定式一旦形成,就会习惯地顺着定式的思维思考问题,不愿也不会转个方向、换个角度想问题,这是很多人的一种愚顽的"难治之症"。

经验,拥有它很困难,脱离它也很困难。在今天这个瞬息万变的时代里,过去成功的经验,可能就是此刻失败的原因。在教育工作中,虽然我们谁也不能漠视经验的价值,但我们不仅需要灵活运用经验,而且还要不断地更新经验,冲破思维定式,试着让自己从另外一个角度来看待问题本身的多变性,否则就会犯上面故事中孙子、驴子和狐狸式的错误。

只有拥有经验而又懂得如何利用经验的人，才是真正的智者。同样，只有拥有教育和教学经验而又不断反思的教师才能获得真正的专业发展。

经验不等于科学，凡是经验都有一定的局限性。对于经验，科学的态度就是"扬弃"，当扬则扬，当弃则弃。

大多数教师都难以摆脱经验重复积累的纠缠式困局，特别是"功成名就"的老教师，一不小心就会躺在经验的怀抱里，经年累月地按照一种既定的教育教学模式运行，走不出思维定式。还有一部分老师喜爱不动脑子的"借鉴学习"，一味地照搬别人的经验，盲目地跟风追星，结果常常造成不良后果，甚至酿成事故。

而善于利用经验又不唯经验的教师，则"学而不厌，诲人不倦"，不断挑战自己，敢于走出思维定式，敢于突破既往经验的樊篱，结果看到了许多人看不到的风景，甚至创造出别人想不到的奇迹。其实，我们仔细研究一下许多名师、教育家的成长经历，发现他们基本上就是这样走过来的。

经验是把双刃剑啊，既能伤人，也能伤己。作为教师，我们一定要利用好它，同时又要防止它伤着自己！

我们每时每刻都是幸运的

佛祖为了消除人们的痛苦，就从人间选了100位自认为最痛苦的人，让他们把自己的痛苦写在纸上。写完后，佛祖说，现在，请你们把手中的纸条相互交换一下。结果，这100个人看完后都很惊讶，过去总以为自己是这个世界上最痛苦的，现在才知道这世上有很多人比自己更不幸，那么还有什么想不开呢？

这几天，我一直在读史铁生的《病隙碎笔》一书。随着岁月的流逝，史铁生的精神境界逐渐达到超然。他在书中写道：

> 生病也是生活体验之一种，甚或算得一项别开生面的游历。……生病的经验是一步步懂得满足。发烧了，才知道不发烧的日子多么清爽。咳嗽了，才体会不咳嗽的嗓子多么安详。刚坐上轮椅时，我老想，不能直立行走岂非把人的特点搞丢了？便觉天昏地暗。等到又生出褥疮，一连数日只能歪七扭八地躺着，才看见端坐的日子其实多么晴朗。后来又患尿毒症，经常昏昏然不能思想，就更加怀恋起往日时光。终于醒悟：其实每时每刻我们都是幸运的，因为任何灾难的前面都可能再加一个"更"字。

作为正在生活的人，谁能像史铁生般有这样高的境界？史铁生先生双腿残疾，患有尿毒症，在轮椅上经历了33个春秋，并且一生中有一半时间在看病。相对于我们，他够不幸了，是不是他更应该去寻死呢？然而他没有。他理解到他是幸运的，因为他至少还拥有生命。

不做庸师

由此，我还想到另一个故事：

一天，一位乡下汉子在过桥时不慎连人带小四轮拖拉机一头栽进一丈多深的河中。谁知，眨眼工夫，这位汉子像游泳时扎了一个猛子般从水里冒了出来，围观的人将他拉了上来，上岸后那汉子竟没有半丝悲哀，却哈哈大笑起来。

人们惊奇，以为他吓疯了。有人好奇地问他："笑啥？"

"笑啥？"汉子停住笑反问，"我还活着——连皮毛都没伤着，不值得笑吗？"

世上再没有比活着更值得庆幸的。明白了这个道理，人生才会充满快乐。所以，汉子在开车落水这样的事情中也不悲伤自哀。

我经常给我的学生讲，我们每个人活着的每时每刻都是幸运的！前几天，我的一个学生在周记中发出了"活着没意思"的感慨。于是，那天我临时调整了我的授课计划，我给他们讲了一个人真实的故事：在台湾有一个美丽的小女孩，在她小学二年级的时候，因为右腿疼痛而住进了医院。诊断的结果是她患上了癌症——软组织恶性肿瘤，在保守治疗无效的情况下，医生只有实施截肢手术。于是9岁那年，小女孩失去了她的整条右腿。在这样的情况下，这个小女孩用她尚有些稚嫩的笔，写下了人生最最坚强的文字——短诗《我还有一只脚》：

贝多芬双耳失聪，
郑龙水双眼失明，
我还有一只脚，
我要站在地球上。

海伦·凯勒双眼失明，
郑丰喜双脚畸形，

我还有一只脚，

我要走遍美丽的世界。

女孩的人生只持续了十年零六个月，但是她能在自己短暂的一生中留下这样饱含梦想的篇章。我对学生说，我从没有见过这个小女孩的照片，不知道她长了怎样的可爱面庞，不过在我的想象里，她一定有着大大的眼睛、浓浓的眉毛，她还一定很喜欢笑，笑起来的时候会露出缺了一颗门牙的牙齿，脸颊上还会显出两个浅浅的酒窝来。

然后，我给学生播放了许景淳谱曲并演唱的这首诗歌。学生听得很仔细，许多学生的眼里分明闪着泪花。我知道：学生的内心受了触动！

最后，我问学生：想想我们的衣食住行，哪样缺少呢？你能不能行走？能不能看见每一天的阳光？能不能听见世界上最美妙的声音？

事情就是这样，人往往记住自己倒霉的事情，却常常把走运的事情忘在一边，这正是幸运之神的悲哀，所以人们总觉得自己是不幸的，总觉得悲哀的事情比快乐的事情多，也便无端生出一些不必要的烦恼来，甚者还自寻死路。其实，人生就是一种"平衡"，得到什么，便会失去什么。如果换一个角度思考，我们的确是每时每刻都是幸运的！

当你情绪低落时，不妨去看一看孤儿院的孤儿、养老院的老人、医院的病人，你会发现：世界上除了自己的痛苦，还有许多不幸的人。如果能到火葬场或墓地去转一转，你会感到：能够活着实在是一种幸运和幸福！

| 不 做 庸 师 |

站起来

一位和尚跪在一尊高大的佛像前,正无精打采地诵读经文。长期的修炼并未使他立地成佛,他为此而苦闷、彷徨,渴望解脱。正好,一位云游四方的大师来到他身旁。

"尊敬的大师,久仰久仰!弟子今日有缘见到你,真是前世造化!"和尚来不及站起,激动得颤颤巍巍地说,"今有一事求教,请指点迷津:伟人何以成其为伟人?比如说,我们面前的这位佛祖……"

"伟人之伟大,是因为我们跪着……"大师从容地说。

"是因为……跪着?"和尚怯生生地瞥了一眼佛像,又欣喜地望着大师,"这么说,我该站起来?"

"是的!站起来吧,你也可以成为伟人!"

"什么,你说什么?我也可以成为伟人?你……你……你这是对神灵、对伟人的贬损!"说着,和尚双手合十,连念了两遍"阿弥陀佛"。

"与其执着拜倒,弗如大胆超越!"大师说罢头也不回地走了。

"超越?呸!"和尚听了大师的话如惊雷轰顶,"这疯子简直是亵渎神灵,玷污伟人!罪过!罪过!"说着,他虔诚之至地补念了一通忏悔经,又跪下了。

一心想成"佛",又不敢站起,世间这样的人恐怕不在少数。其实睁眼看一下,大千世界中哪有跪着的佛?迷信乃至崇拜偶像,以至失去自我,泯灭个性和做人的自尊，是世人的悲哀，更为悲哀的是身在迷信之中而不知其迷信，最终被其毒害乃至扼杀。

我常常告诫学生，一定要三不迷信——不迷信教材，不迷信教师，不迷信权威；我常常告诫青年教师，在再大的人物面前、再"完美"的教育理论面前，也一定要站起来！

做一名有思想的教师（代后记）

> 我必须每年落一些叶子，
> 我必须不断地脱一些皮。
>
> 我必须每年生长一些新东西，
> 日日夜夜，我都渴求着血液的更替。
>
> 我不知道我什么时候可以休止，
> 因为我自己并不属于我自己。
> ——李广田《记一个教师的谈话》

从大学毕业到现在，不觉二十多个年头已经过去。这二十多年，我一直在教学第一线默默地辛苦耕耘，犹如一只枯坐的井底之蛙，尽管外表沉默，但内心的躁动绝不亚于奔涌的春水，我那不安分的头脑一刻也没有停止过思考。我只有一个单纯的信念，那就是：拒绝平庸，以行进的方式活着，做一名有思想的教师！

一

在我的一本读书笔记的扉页上，我曾用楷书工工整整抄写过《第十九层地狱》的故事：一个杀人犯死后被打入十八层地狱，伤心得不得了。正在伤感之际，忽然听脚底下有人唉声叹气。杀人犯很吃惊，就问：下面是什么人？你住在什么地方？下面的人回答：我是教师，住在地狱的第十九层。杀人犯更吃惊了，说：不是地狱只有十八层吗？怎么出了个第十九层？下面人说，这是阎王特设的。杀人犯说：杀人就是最重的罪了，你的罪难道比杀人还要重吗？那人说：这你就不知道了，人有两条命，一是性命，二是慧命，杀性命只伤肉体，杀慧命毁掉的可是灵魂啊。就因为我生前误人子弟，杀了许多孩子的慧命，所以就被下到第十九层了！

在读到这则故事之前，我和许多老师一样，只知道整天埋头于上课、批改作业，很少抬头正视现状、思考问题，终日忙忙碌碌却又一直碌碌无为。

当我读到这则故事时，心灵受到强烈的震撼，从那一刻我发誓：决不做灭杀孩子慧命的庸师！

于是，我开始反思自己的教学行为是否在勤恳地扮演着伤害孩子慧命的杀手角色；开始思考教师这个职业的意义，认识到伟人和罪犯都可能在教师手中形成；开始疯狂读人文经典和教育专著，鲸吞式恶补精神食粮；开始用自己的头脑教书，不再人云亦云，抑或不知所措。

"每当自己的教育教学中出现这样那样的问题或遗憾时，我都问自己：是否也该下到地狱的第十九层？"从此，我把自己的工作当作一种表达生命内质的生活方式，把读书、实践、反思作为自己最大的人生乐趣，不断地超越自我。

二

职业特点决定了教师必须是一个有思想的人。有思想的教师才会教出有思想的学生，有思想的教师才能真正使学生体验到生命的快乐。教师如果不能成为思想者，只能靠别人的思想指导自己的行动，他的教学行为就不可能具有创造性，他的学生就不会有思想。弄不好就会培养出精神侏儒和思想奴隶。靠他去"立人"，可能吗？而有了思想，平凡的工作一样会铸就灵魂的高贵。我始终认为，"有清醒的思想者和实践者，才会有理智的教育，才会有教育的发展和进步"。

帕斯卡尔说过："人只不过是一根苇草，是自然界最脆弱的东西，但他是一根能思想的苇草。"对于教师来说，思想贫困是最大的贫困，它比经济贫困、知识贫困都更为可怕。有思想才有尊严，有思想才有魅力，有思想才有价值。一个没有思想的教师也就没有了教书育人的灵魂。我坚信：一个没思想的老师，孩子正常的精神成长也无法在他手中完成，更不可能培养出文化的巨人。李镇西老师说：只有个性才能造就个性，只有思想才能点燃思想。让没有思想的教师去培养富有创造性素质的一代新人，无异于缘木求鱼。对正在走向伟大复兴的民族来说，这是很可怕的。

肖川教授说过："你真正的生命就是你的思想，你的思想就是你的处境。"教师不可能拎着自己的头发离开地球，只有执着于教育的思想并不断实践，才能实现自身的价值。

三

做一个有思想的教师，要有"人样"。说白一些，就是教师要活得像个人，要有人格尊严和独立思考的意识，要有人的教养并敬重自己的职业。我们这一代人常常缺乏问题意识与批判意识，缺乏纵深的追问能力，不敢张扬自己的个性。如果任这种局面一代代延续下去，那么我们民族的未来是非常令人担忧的。

教育的本质是育人，今天的教育培养着明天的公民。如果一个教师不能引领孩子们用自己的眼睛观察世界，那么这样的"好教师"需要打上一个问号。只有教师活得像个人，站直了，他才不会去培养奴才，学生才会有"人样"。这应该是必须具备的"人性"常识，但很多时候，我们的教育让人看不到"人性"二字。

做一个有思想的教师，就应努力培养"用自己的眼睛看，用自己的耳朵听，用自己的嗓子说话，用自己的文字书写"的能力，敢于冲破迷信权威的思想牢笼，敢于冲破盲从书本的思想牢笼，敢于冲破膜拜圣贤的思想牢笼，敢于冲破固执己见的思想牢笼！

四

20多年来，为了不断丰富自己的思想，我逼着自己读书、实践、反思、写作，研究教育规律，大脑经常接受思想风暴的洗礼，使自己一天天走向成熟。从自己笔尖舞蹈出来的文字竟洋洋洒洒有几十万言了，近十几年竟有200多篇文章在报刊上幸运发表！

这本书收入的正是近些年来我在网上写的部分教育随笔。现在看来，许多观点幼稚、偏激甚至存在不少问题，但它是真实的，是我实践与思考的结晶，也是我个人某一历史阶段的产物，见证了我的成长历程。所以，收入本书时，内容上除改动了错别字和不通顺的句子外，基本上保持原汁原味，未作大的改动。由于笔者学识浅薄，其中错误和不足在所难免，还请各位读者批评指正！我的邮箱：changzuoyin@126.com。在此，先向大家鞠躬致谢！

常作印